$16.96

# Comment interpréter
# les dessins
# d'enfants

**Catalogage avant publication de Bibliothèque et Archives Canada**

Bédard, Nicole

    Comment interpréter les dessins d'enfants

    5e édition

    (Collection Psychologie)

    ISBN 978-2-7640-1215-4

    1. Dessins d'enfants – Aspect psychologique. 2. Dessin chez l'enfant. 3. Enfants – Psychologie. I. Titre. II. Collection : Collection Psychologie (Éditions Quebecor).

BF723.D7B42 2007          155.4          C2007-940067-1

LES ÉDITIONS QUEBECOR

Quebecor Média

7, chemin Bates

Outremont (Québec)

H2V 4V7

Tél.: 514 270-1746

www.quebecoreditions.com

© 2007, Les Éditions Quebecor pour la présente édition

Bibliothèque et Archives Canada

Éditeur : Jacques Simard

Conception de la couverture : Bernard Langlois

Illustration de la couverture : Dreamstime

Révision : Jocelyne Cormier

Nous reconnaissons l'aide financière du gouvernement du Canada par l'entremise du Programme d'aide au développement de l'Industrie de l'édition (PADIÉ) pour nos activités d'édition.

Gouvernement du Québec – Programme de crédit d'impôt pour l'édition de livres – Gestion SODEC.

DANGER

LE PHOTOCOPILLAGE TUE LE LIVRE

Imprimé au Canada

*egen (don)*

Nicole Bédard

# Comment interpréter
# les dessins
# d'enfants

LES ÉDITIONS
Quebecor
QUEBECOR MEDIA

# TABLE DES MATIÈRES

# ANALYSE ET INTERPRÉTATION
# DE DESSINS

Entre l'analyse et l'interprétation de dessins, il existe une différence réelle et concrète; l'analyse se veut une approche technique et rationnelle, optant pour des bases solidement vérifiées. On retrouve ce genre d'approche dans le domaine de la psychologie et de la psychiatrie. Dans certains cégeps, on offre un enseignement sur l'analyse de desssins d'enfants aux futurs éducateurs en milieu de garderie.

En ce qui regarde l'interprétation de dessins d'enfants, elle est le résultat ou la synthèse de l'analyse.

Les points de référence concernant l'analyse et l'interprétation de dessins rejoignent grandement ceux de la graphologie, telles les indications données sur l'orientation dans l'espace, la dimension, la pression...

Il vous sera plus facile d'aborder l'analyse de dessins si vous possédez déjà une base en analyse de l'écriture. Sinon, n'ayez crainte, les éléments que contient ce volume vous aideront à découvrir les principes de base.

## L'ÉVOLUTION DU DESSIN CHEZ L'ENFANT

En bas âge, c'est-à-dire vers dix-huit ou vingt-quatre mois, l'enfant expérimente plus qu'il ne s'exprime. Au tout début, le fait de tenir un crayon à la main devient tout un exploit. Plus il grandit, plus le dessin prend la forme d'un jeu pour lui.

Au fur et à mesure, les traits s'orientent et prennent forme. L'enfant est en voie de contrôler ce nouveau médium; par la suite, il pourra s'exprimer aisément à travers lui.

Quelques-uns, dès l'âge de trois ans, contrôlent tout à fait bien le crayon, tandis que pour d'autres (même pour certains adultes), le maniement du coup de crayon est une pure calamité. Il y en a qui ont davantage de talents que d'autres, que voulez-vous!...

Le dessin représente en partie le conscient, mais aussi et de façon plus importante l'inconscient. C'est la symbolique et les messages se rattachant au dessin qui nous intéressent et non l'esthétique de celui-ci.

L'enfant transpose sur la feuille son état d'âme et son état d'esprit sans vraiment s'en rendre compte.

C'est pourquoi il est plus favorable de ne pas pousser l'enfant à dessiner s'il n'en ressent pas le besoin. Il devrait dessiner pour son plaisir non pour faire plaisir.

Il est bon de laisser libre cours à son imagination. Chez certains enfants, le besoin d'expérimenter se fait sentir à travers d'autres médiums tels que la musique, la danse, le chant ou le sport... Chacun arrivera à trouver ce qui lui convient le mieux.

Voici quelques brèves indications sur l'évolution du dessin chez l'enfant. Comme chaque enfant possède son propre rythme, il se peut que l'âge varie légèrement.

### De dix-huit mois à deux ans :

Il aime gribouiller, surtout sur de grands formats à pleine main. La coordination du mouvement est quelque peu maladroite.

**De deux à trois ans:**

L'enfant désire essayer différents outils: le feutre, la gouache, le crayon de cire ou de bois. Il entreprend sa phase où il expérimente plus qu'il ne s'exprime. La coordination se développe, il arrive à tenir plus fermement les outils.

**De trois à quatre ans:**

L'enfant commence à s'exprimer à travers son dessin; souvent, il nous informe de ce qu'il projette de dessiner avant même d'apposer les traits sur sa feuille.

**De quatre à cinq ans:**

Il choisit les couleurs en fonction de la réalité (un arbre brun avec des feuilles vertes). Il peut délaisser le dessin pour l'écriture. Comme sa capacité de rêver est plus forte, les contes de fées captent davantage son attention.

## L'OUTIL PRINCIPAL: LE CRAYON

Il vous est sûrement déjà arrivé d'emprunter un crayon à une personne et de lui dire: «Ton crayon écrit mal.» En fait, ce que l'on veut signaler, c'est que la pointe du crayon ne nous convient pas.

Lorsque l'on fait dessiner une personne, l'élément primordial ou le premier outil à considérer est le choix du crayon.

On doit être en mesure de lui proposer un crayon à pointe fine, moyenne ou grasse. Le fait de choisir l'un ou l'autre donnera certaines indications sur le caractère de la personne.

Si le choix tend vers la pointe fine, l'individu préfère le confort, le luxe... Il recherche la compagnie de gens distingués. Cependant, il peut avoir de la difficulté à s'affirmer.

Pour la personne ayant choisi un crayon avec une pointe moyenne, les caractéristiques s'y rattachant sont: la flexibilité, l'adaptabilité; «Vivre et laisser vivre» est sa philosophie.

La pointe grasse détermine un caractère qui cherche continuellement à prendre le taureau par les cornes. Une fois sa décision prise, il ne change pas facilement d'idée. Il peut facilement influencer les autres, mais n'est pas très influençable.

Le lien que l'on peut faire pour les crayons de cire, de bois ou la gouache utilisés par les enfants est sensiblement identique à nos choix de crayons pour nous, les adultes.

Lorsqu'en bas âge, on offre des crayons de cire à l'enfant, l'effet produit donne un trait plus large et épais. Pendant la phase anale, tous les jeux de pâte à modeler, de sable, de boue aident l'enfant à passer le stade de la matière physique. Plus l'enfant évolue et se raffine dans ses goûts, plus il sera porté à utiliser le crayon de bois.

L'enfant qui grandit et qui continue à préférer la gouache ou le crayon de cire démontre un potentiel qui se voudra plus manuel et physique. Il aime ce que ses mains transmettent à la feuille. Il accorde plus d'importance à ce qui se passe au bout de ses doigts que dans sa tête. Ce qu'il veut, c'est voir des résultats concrets.

Par contre, l'enfant qui préfère le crayon de bois, toujours bien aiguisé, accorde plus d'importance à ce qui est réfléchi. Son orientation l'amènera vers des milieux plus intellectuels et rationnels qui correspondront à ses attentes.

## LE PAPIER EMPLOYÉ POUR LE DESSIN

Le format du papier a autant d'importance que le choix du crayon. On devrait être en mesure d'offrir des feuilles de différents formats, car ils nous révéleront comment l'enfant prend sa place dans son entourage.

Si l'enfant préfère le petit format, ceci nous indique une capacité d'introversion et une grande concentration. Il ne cherche pas à prendre toute la place, peut-être par manque de confiance ou tout simplement que ses besoins sont limités; disons faciles à contenter...

Qu'est-ce qui détermine l'une ou l'autre des possibilités mentionnées ci-dessus? Ce sont les traits mis sur la feuille; si le dessin est mal défini, c'est-à-dire que les traits sont faibles, superficiels avec peu de pression, on peut percevoir un manque de confiance, il y a de l'hésitation dans le geste.

Un dessin fait sur une feuille de format moyen démontre que l'enfant semble adaptable et flexible. Il sait faire sa place au sein d'un groupe en respectant les autres.

Par contre, l'enfant ayant choisi le grand format se croit capable de grandes choses socialement; il ressent le besoin d'être entouré et n'aime pas vraiment l'isolement. On peut déceler une grande confiance en lui ou un complexe de supériorité. Dépendamment du contenu de la feuille, il se peut qu'on ait devant nous un enfant envahissant. Les couleurs employées et l'espace rempli, c'est-à-dire la mise en page, détermineront les points apportés.

Le chapitre sur les couleurs vous informe davantage sur la confiance qu'il a en lui ou le complexe de supériorité qu'il peut avoir.

## LES DIFFÉRENTES TEXTURES DE PAPIER

Lorsque l'enfant fait de la peinture à doigts, on utilise une feuille à texture reluisante pour ne pas que la feuille soit trop imbibée d'eau colorée. Il peut arriver que l'enfant demande ou préfère ce type de papier même pour dessiner avec des crayons de cire ou de bois.

L'interprétation ou le lien que l'on peut faire: lorsque l'on veut protéger un meuble, on le recouvre de cire; ainsi, l'enfant par sa préférence nous indique de ne pas lui poser trop de questions indiscrètes. Dépendamment du genre de dessin qu'il aura dessiné, on peut découvrir en fait un enfant qui peut effectivement avoir des choses à cacher et ne veut tout simplement pas les dévoiler.

Dans d'autres cas, l'enfant nous informe qu'il préfère les choses vite faites sans aller en profondeur, alors les longs discours ne sont pas pour lui. Il préfère passer d'une chose à l'autre sans trop s'attarder. Il «patine» sur la feuille.

Il ne faut pas voir nécessairement la préférence de la feuille de papier reluisante comme une indication de cachotterie; on doit être prudent avant de sauter aux conclusions. L'enfant peut avoir développé une attitude de méfiance face aux autres si, par le passé, on a profité de lui en le manipulant ou en l'influençant de façon négative, sa réaction présente est peut-être justifiée.

L'autre possibilité: l'épaisseur de la feuille... Une feuille plutôt épaisse représentera le confort. Il ne faut pas oublier que même si le crayon dessine et se promène sur la feuille, la main, elle, s'appuie sur ladite feuille. Un bon coussin n'est pas à dédaigner pour cette gentille petite main. Il n'y a rien de trop beau!

Donc, vous serez à même d'en déduire que l'enfant qui aime gribouiller sur ce genre de papier recherche une atmosphère qui le dorlote et le cajole. Cependant, l'autre côté de la médaille: on peut se trouver en présence d'un enfant quelque peu paresseux ou trop douillet...

Le papier fin (celui qui se froisse facilement), choisi par certains enfants, indique une sensibilité de l'âme; l'émotivité est prédominante. L'enfant se veut romantique, poète, mais peut être susceptible, aussi facilement froissable que le papier fin.

## LIVRE À COLORIER OU FEUILLE BLANCHE?

Le livre à colorier aide l'enfant à développer sa concentration; les lignes de démarcation préétablies ne le limitent pas nécessairement dans son imagination comme certaines personnes peuvent le penser. Dans la vie, il y a des lois, des contingences, qu'il devra respecter. Le coloriage met l'accent sur le choix des couleurs puisque la forme est déjà là. Certains enfants préfèrent le livre à colorier, c'est mieux que rien...

La feuille blanche, quant à elle, donne libre cours à l'imagination, c'est certain... Elle sert bien la créativité de l'enfant; dans la vie, on n'a pas toujours la possibilité de s'exprimer librement, et le dessin est un bon médium.

En toute objectivité, il serait favorable que l'enfant puisse colorier dans un livre à colorier et avoir aussi des feuilles blanches à sa disposition. Éliminer une approche au profit de l'autre ne serait peut-être pas un choix optimal.

## LA RÉACTION DE L'ENFANT FACE À SON DESSIN

Lorsque l'enfant s'installe pour dessiner, son attitude face à la feuille peut varier. Certains jours, il commence son dessin et le rature en continuant un autre dessin sur la même feuille. À d'autres moments, il jette le dessin commencé à la poubelle. On peut aussi retrouver l'enfant essayant d'effacer les traits qui sont plus ou moins à son goût.

Ces différentes réactions parlent des états d'âme de l'enfant, mais font surtout mention d'une situation peu agréable survenue dans le passé et non oubliée consciemment ou inconsciemment.

Un dessin raturé indique que l'enfant ressent de l'agressivité venant d'un événement, tandis que le dessin jeté dénote de l'affirmation et de la détermination; le message lancé est clair: il exprime que même si une chose négative est arrivée, l'enfant la rejette et la met aux oubliettes.

On a mentionné celui qui efface son dessin: «C'est dur de faire face à l'évidence», se dit-il. Pourquoi ne pas effacer cet événement, c'est un bel effort...

Il est important de jeter un coup d'œil furtif et de tendre l'oreille discrètement. Certains enfants dessinent en silence, d'autres le font en chantonnant, tandis que quelques-uns donnent des explications sur les traits qu'ils sont en train de mettre sur la feuille.

Le dessin entrepris dans le silence dénote de la concentration; il aura d'autant plus de signification au niveau de l'interprétation. Si l'enfant fredonne tout en dessinant, il peut s'agir d'un besoin de remplir l'atmosphère; le chant meuble l'isolement; c'est aussi un moyen subtil pour attirer et même pour retenir l'attention des autres autour de lui.

## L'ORIENTATION DANS L'ESPACE

Lorsque l'enfant pose les traits sur la feuille, il a le choix d'occuper l'espace du haut, du bas ou du centre de la page. Il peut aussi orienter son dessin vers la gauche ou la droite.

L'enfant ne dessine pas que le soleil, la lune et les étoiles dans le haut de la page, on peut retrouver des personnages, des arbres, des véhicules... Ce que l'enfant nous fait comprendre, c'est qu'il est prêt à acquérir davantage de connaissances.

Le cadre supérieur de la feuille représente la tête, l'intellect, l'imagination; en fait, c'est le désir de curiosités nouvelles et de découvertes. À l'opposé, le bas de la feuille nous renseigne sur les besoins physiques et matériels que l'enfant peut avoir. Du moment qu'il est bien nourri et dorloté physiquement, il est heureux.

Le côté gauche nous indique que les pensées de l'enfant sont axées vers le passé: il ne vit pas le moment présent et n'anticipe pas le futur.

Il peut être préoccupé par le passé ou sinon avoir vécu un événement heureux auquel il continue à s'accrocher. Le type de dessin situé à gauche nous donnera les indications à savoir si ce fut un événement favorable ou non pour l'enfant.

Le centre de la feuille indique le moment présent; tout dessin situé au milieu de la page démontre que l'enfant est présent et disponible à tout ce qui se passe autour de lui. Habituellement, ce genre d'enfant ne vit pas de tension ou d'anxiété. Qu'il regarde les événements passés ou futurs, il ne sent aucune inquiétude ou insécurité.

Cependant, il est préférable de ne pas donner de responsabilités à long terme à ce type d'enfant; il peut facilement se décourager. Il préfère voir les résultats immédiats pour tout travail ou toute participation de sa part.

L'enfant dessinant vers la droite indique qu'il est porté à ne penser qu'au futur. Demain, pour lui, peut vouloir dire un «événement spécial». Il met beaucoup d'énergie et beaucoup d'espoir dans le futur.

Comme vous pouvez le constater, même les enfants ont des besoins diversifiés!

## DIMENSION DU DESSIN

Plus le dessin est gros, plus il est visible! Comme tout autre trait, la grosseur du dessin peut avoir une interprétation favorable ou défavorable.

L'enfant qui dessine continuellement de grandes formes fait montre d'une certaine assurance. «Je vis et j'existe» serait sa manière de penser. L'enfant s'affirme en prenant «sa» place.

Il peut cependant s'agir d'un dessin de compensation: l'enfant qui trouve qu'on ne lui accorde pas assez d'attention peut envahir la feuille par de grands traits; le message lancé est «Regardez, moi aussi j'existe!»

Ce qui modifie l'interprétation favorable ou défavorable sera les couleurs employées. Si elles sont très éclatantes comme le rouge, l'orange, le jaune, l'enfant peut sembler exigeant, il recherche l'attention. On ne lui en accordera jamais assez... L'ego ne peut pas être contenté... Si, par contre, les couleurs sont douces dans des tons de bleu ou de vert, on retrouve chez cet enfant un juste comportement social.

Un dessin qui se fait tout petit est peu dérangeant... Chez certains enfants, on peut remarquer un retrait face aux autres, un besoin moins grand de s'affirmer. Cet enfant se contente de peu d'espace.

Plusieurs de ces enfants sont de nature calme; ils aiment collectionner, rêver... Ils ne recherchent pas la compagnie des autres enfants, quelquefois ils s'entourent d'enfants plus jeunes et s'en occupent très bien.

Ce type d'enfant surprend souvent les adultes par ses propos ou ses réflexions, on dirait un «petit adulte».

On ne doit pas bousculer l'enfant même si son rythme est un peu lent, il n'apprécie guère la tension. Cependant, il est favorable de valoriser cet enfant, car le dessin qui est de petite dimension peut aussi exprimer un manque de confiance.

## LES TRAITS

Avant de pouvoir interpréter la symbolique du soleil, de la lune ou de tous les autres thèmes, il est important d'avoir une connaissance de base des simples traits.

Ceux-ci nous renseignent sur la rapidité d'esprit ou sur l'hésitation. On peut détecter l'esprit rebelle ou pacifique par l'analyse de certains traits de base: continu, hachuré ou oblique...

## Le trait continu

Un mouvement qui se déplace sur la feuille sans arrêt ou sans être entrecoupé par d'autres lignes est représentatif d'un geste docile à l'esprit. Lorsque les lignes sont claires, précises, il s'en dégage de l'harmonie. On sent que l'enfant ne cherche pas à brusquer les choses ou à les ralentir. Il respecte l'environnement en recherchant le bien-être physique et la paix.

## Le trait hachuré ou coupé

Le trait hachuré s'oppose au trait continu; on peut le constater facilement lorsque l'enfant dessine. Après un certain élan, l'enfant s'arrête, fait une courte pose et repart de nouveau. On pourrait croire que le mouvement de départ est impulsif et que tout à coup, l'enfant réalise que sa trajectoire ne va pas dans la direction souhaitée.

Il y a des périodes où l'enfant prend conscience de nouveaux besoins; pourtant, on sent une hésitation à vivre une transformation. Il existe une forme d'instabilité entre ce qu'il peut ou désire avoir et ce qu'il possède déjà et qui le sécurise énormément. La question qu'il se pose, c'est: «Est-ce que ce sera pareil comme avant, si les choses changent?», c'est-à-dire la sécurité que j'ai maintenant sera-t-elle toujours là indépendamment de ce qui peut changer autour?

## Le trait oblique ou lancé

Le trait lancé vers le ciel telle une fusée qui s'envole ou tel l'éclair qui frappe le sol fait figure d'énergie et de fougue. Soyez assuré qu'il ne déviera pas de la trajectoire visée pour atteindre son but.

Le trait oblique est vigoureux sans nécessairement être agressif. L'analyse de ce genre de trait doit être complétée par l'étude de la pression que l'enfant met durant son dessin. Plus la pression est forte, plus la colère est présente, «semblable à un coup d'épée».

Cependant, si la pression est normale, l'énergie qui s'en dégage est adaptée à une atmosphère qui se veut agréable et harmonieuse.

## LA PRESSION

Lorsque l'enfant appose un trait sur la feuille, son geste peut contenir une certaine force ou faiblesse.

L'enthousiasme et la volonté se perçoivent par une bonne pression; par contre, plus celle-ci est forte, plus l'agressivité prend place. Si les traits sont superficiels, c'est que l'enfant s'engage de façon distante, sans trop de conviction. Il peut aussi éprouver une fatigue physique.

## LA SYMBOLIQUE DES FORMES

L'enfant dessine non seulement des lignes verticales, horizontales ou obliques, mais ses dessins possèdent aussi des formes telles que le rond, le carré et le triangle.

L'interprétation au niveau des formes est universelle; ainsi, il existe des points communs entre les différentes approches: psychologiques, philosophiques ou religieuses.

L'enfant dessinant des courbes trace un mouvement aérien: c'est un envol, une culbute, une joie... Ce peut être simplement un mouvement de rotation, un trait qui tourne et qui tourne en revenant constamment au point de départ, au point zéro...

Comme tout symbole, le rond peut s'avérer positif ou négatif lors de l'interprétation. C'est le contexte et l'évolution du dessin sur la feuille qui le déterminera.

L'aspect positif se voit par un mouvement souple possédant une certaine force et une certaine énergie dans son tracé. C'est comme si après avoir vécu un événement, on en était sorti plus fort et valorisé, et lorsqu'il se représente, on est en mesure de le percevoir avec d'autres yeux.

C'est à l'image du cycle des saisons qui se renouvelle chaque année et qui est différent tout à la fois...

Le dessin d'enfant se présentant avec beaucoup de formes rondes nous fait penser qu'il préfère s'occuper à des choses déjà vues et connues. Il aime bien faire les mêmes choses, mais en les abordant différemment à l'occasion. Son jeu préféré peut s'avérer être le casse-tête; à longueur de journée, il jouera avec toutes sortes de casse-tête: en bois, en carton, des gros, des petits, des casse-tête éducatifs ou très simples à faire; la variation des modèles le contentera.

Si les traits arrondis sont larges et épais, ceci peut dénoter une certaine paresse ou un manque de motivation, cela ressemble à «un pneu crevé». Est-ce seulement dû à la fatigue ou au besoin d'être un peu plus cajolé par maman?

## Le carré

Le carré est composé par des traits plus rigides; l'expression «coupé carré» spécifie bien la forme comme étant des traits arrêtés de façon «abrupte».

Sa symbolique représente la solidité, la détermination, le pouvoir de décision. Par contre, elle peut aussi signifier une attitude ou un comportement réfractaire à l'influence extérieure. Ce n'est pas une forme expansive mais plutôt concentrée.

Les formes carrées se rencontrent plus fréquemment chez l'enfant qui sent le besoin de bouger, de dépenser de l'énergie. Par contre, ce type d'enfant semble parfois manquer de délicatesse dans ses mouvements ou ses paroles; il peut être un peu trop direct! Il possède un caractère fort, on ne le fait pas changer d'avis facilement...

23

L'avantage est qu'il est conscient des motifs qui le guident. Sa principale force est l'esprit de compétition, sa faiblesse «son manque de compassion».

## Le triangle

Ce symbole représente l'élévation, la connaissance. La forme pointée vers le haut demande à l'énergie divine de lui transmettre ses connaissances; pointée vers le bas, elle se tourne vers l'énergie physique concentrée dans la terre.

L'enfant qui aborde dans ses dessins le triangle pointé vers le haut est de nature plus sensible, intuitif et créatif que les autres. Une énergie calme mais curieuse l'anime; il est toujours à l'affût de nouvelles connaissances. Son esprit a besoin constamment d'être nourri, cependant il est très sélectif.

Le triangle pointé vers le bas est de nature plus physique et matériel. L'enfant recherche des connaissances, mais qui apportent davantage au physique qu'à l'esprit. Il recherche des connaissances qui lui serviront à améliorer son confort ou à acquérir de nouvelles choses. Il est de nature plus pragmatique.

## DESSINS GÉOMÉTRIQUES

Les dessins géométriques sont la majorité du temps des mandalas. C'est un symbole spatial intemporel; en fait, le mandala est de provenance ou de tradition hindoue. Il se veut être la représentation de la forme intérieure de notre être.

Souvent, on définit l'individu comme étant forme, lumière et son. La forme ci-dessus mentionnée n'est pas seulement le corps physique mais le labyrinthe à travers lequel la personne doit cheminer au cours de sa vie. On peut dire que le mandala est représentatif de l'aspect originel de l'être!

Carl Gustave Jung s'est grandement intéressé à ce sujet; il en a même fait le sujet central d'un volume.

En ce qui concerne l'analyse du mandala produit par l'enfant, à quelle conclusion peut-on arriver? Chez celui-ci, le mandala est dessiné par automatisme, il est de source purement inconsciente, il aide à conserver l'ordre psychique s'il existe déjà, ou à le rétablir s'il a disparu.

## LA RÉPÉTITION D'UN MÊME THÈME

Il arrive qu'on retrouve des dessins répétitifs, un même thème revenant continuellement d'un dessin à l'autre. Il faut être très vigilant quant à l'interprétation. C'est ce que l'on nomme entre autres le dessin piège.

On peut analyser le message entre les lignes, mais ce dont il faut prendre grand soin avant toute chose, c'est de vérifier si, venant d'un parent ou professeur, il n'y a pas eu survalorisation d'un dessin de même nature fait précédemment.

L'exemple que je veux apporter est l'enfant qui dessine un sujet et le montre à sa mère qui s'exclame et se pâme devant cette magnificence! Et c'est peu dire... L'enfant, lui, n'oubliera pas cet instant, qui est bien entendu provoqué par son chef-d'œuvre.

Le danger est qu'il peut décoder ainsi la réaction de l'autre: «Maman me trouve formidable, elle m'aime à cause de mon beau dessin.» Donc il dessine le même thème quelques fois avec de légères variantes ou très peu.

L'aspect répété d'un même thème peut être très révélateur s'il ne provient pas d'une survalorisation. L'enfant qui a vécu un événement heureux cherche à reproduire les émotions ressenties; il recherche l'état d'âme vécu lors de cette agréable situation.

Dans le cas opposé, l'enfant qui n'a pas accepté une situation peut se servir du dessin répétitif pour nous faire savoir ce qui l'ennuie.

## LA RÉACTION DES PARENTS FACE AU DESSIN
## DE LEUR ENFANT

Certains parents sont en extase devant les chefs-d'œuvre de leurs enfants. D'autres sont plus critiques; ils préfèrent diriger la période accordée au dessin: «On fait comme ceci, pas comme cela...»

On doit être honnête; si l'on n'est pas naturel dans nos réactions, l'enfant le sent. Il peut même vous tester, par exemple vous présenter un dessin qu'il aura pris grand soin d'enlaidir; lui direz-vous alors que vous appréciez son gribouillis?

## LA DIVERSITÉ DES THÈMES

Chez certains enfants, les thèmes abordés dans leurs dessins sont très diversifiés; il peut même être difficile de trouver un fil conducteur pour effectuer une bonne analyse. Toutefois, si l'on n'arrive pas à faire un certain lien entre les thèmes, on peut analyser davantage l'influence des couleurs, l'orientation dans l'espace, la grosseur du dessin...

Dans la majorité des cas, l'enfant qui exécute des dessins ayant des thèmes différents les uns des autres est un enfant facilement influencé par les atmosphères et par les gens. Il transpose sur sa feuille ses états d'âme, c'est-à-dire ses sentiments de joie, de peine, de peur...

Ce genre d'enfant n'est pas stable dans ses humeurs; s'il n'aime pas son professeur, il n'aura pas de bonnes notes en classe; s'il n'aime pas sa nouvelle maison, il peut être constamment malade. C'est un hypersensible; ce n'est pas un mésadapté socio-affectif, car cette sensibilité fait partie de son tempérament; on la retrouve surtout chez les tempéraments nerveux (ne pas confondre avec les «caractères nerveux»).

## LES OUBLIS MAJEURS

À certains moments, l'enfant aura omis des traits importants tels que des yeux à son personnage, une porte pour sa maison...

Les deux principaux éléments qu'il ne faut jamais oublier lors d'une analyse: les traits trop élaborés ou trop simplifiés, même tellement simplifiés qu'ils en sont carrément absents! On doit être attentif, car le message s'y trouvant nous donnera des indications sur ce que l'enfant accepte le moins de la situation, en nous disant le genre d'attitude qu'il entend prendre face à l'événement.

«A-t-il complètement perdu la tête?»

«A-t-il perdu pied?»

«A-t-il de la difficulté à regarder la situation en face?»

Il ne faut cependant pas paniquer devant ce type de dessin, souvent ce n'est que passager. On ne doit pas non plus fermer les yeux et se dire que ça passera. Si l'on analyse le dessin, c'est dans le but de connaître et de comprendre l'enfant. Et par la suite d'être en mesure de l'aider, s'il y a lieu.

## LE DESSIN PIÈGE

Avez-vous déjà porté attention au type de dessin se retrouvant recto verso? On ne doit jamais trop se hâter lorsqu'on analyse un dessin; il est préférable de vérifier s'il ne se trouve pas au verso de la feuille quelques traits dessinés. Je ne crois pas que la motivation de l'enfant soit la préoccupation de l'économie de papier...

L'enfant dessine un sujet d'un côté de la feuille et, de l'autre, il dessine un personnage, un objet ou toute autre chose. On peut penser qu'il n'avait plus de place du premier côté ou qu'il avait oublié cet élément et qu'il ne voulait pas changer l'aspect du premier dessin; inconsciemment, il n'en est rien.

L'enfant veut tout simplement mettre au rancart ou à l'index ce qui se trouve au verso de la feuille.

Donc, il est plus important d'analyser le dessin se trouvant au verso, par exemple: l'enfant dessine sa famille en omettant une petite sœur ou son père que l'on peut retrouver de l'autre côté de la feuille. La signification est que l'enfant éloigne cette personne de son environnement. Voudrait-il vraiment qu'il en soit ainsi?

## L'ORIGINALITÉ

Comment définir le dessin original: il n'est pas conforme à ce que l'on est habitué de voir, par exemple un arbre sera dessiné avec de grands traits et on aura une certaine difficulté à faire le rapprochement avec la forme d'un arbre déjà vu. L'enfant vous expliquera avec un air moqueur et content que c'est un «arbre oiseau» ou un «arbre poisson»... Bien malin qui pourrait le découvrir!

Si l'enfant est porté à dessiner des formes fluides, non concrètes pour la norme sociale, il n'y a pas de quoi s'en faire... L'originalité dénote de l'imagination et la capacité d'affirmer ses opinions. Ne soyez pas surpris s'il ne s'offusque pas lorsque vous lui mentionnez qu'un arbre ne se dessine pas de cette manière; il vous répliquera, sans doute, que son arbre vient de la planète Mars.

La crainte des parents par rapport à l'attitude de leur enfant se traduit par le questionnement suivant: Comment mon enfant arrivera-t-il à vivre sa vie sur le plan social s'il ne s'intègre pas à la réalité concrète du «vrai monde»?

Certains, en fait, se servent du dessin original non pas pour exprimer leur différence mais pour déformer une situation qu'ils n'aiment pas; ils ne veulent pas la voir comme elle est... Donc, ils la modifient par une pensée qui va sublimer la réalité qui leur semble négative. C'est ce genre de circonstance que l'on doit bien définir et surveiller.

L'enfant original fera «voir» et «valoir» dès son plus jeune âge sa créativité, tandis que l'enfant se trouvant dans une période difficile peut choisir de manière plus originale de vivre une fuite ou une échappatoire; le dessin peut donc lui servir d'outil pour un certain temps.

## LA TRANSPARENCE

L'enfant qui dessine des éléments de transparence, comme une maison où l'on peut voir à l'intérieur les meubles ou les personnes y habitant, ainsi que l'enfant qui dessine un bonhomme dont on aperçoit les jambes à travers son pantalon peuvent en fait nous indiquer deux choses:

La première fait mention d'un enfant intelligent et intuitif qui est capable de percevoir la pensée des gens ou de prévoir l'évolution des situations, on dit «Aller au-delà des apparences».

La deuxième, qui est moins favorable, c'est que l'on peut être en présence d'un enfant qui est porté aux mensonges, qui a l'habitude de camoufler ses pensées. Il est tout à fait conscient de son comportement, ce qui lui fait ressentir une certaine culpabilité.

Par son dessin, il aimerait être démasqué pour être libéré quelque peu de son fardeau. Son dessin devient un message à livre ouvert: «Regarde ce que je cache et aide-moi à le verbaliser.»

## L'INTERPRÉTATION DES COULEURS

Pour chaque couleur, on peut interpréter de façon positive ou négative la symbolique s'y rattachant. Le style du dessin et l'ensemble des couleurs détermineront l'une ou l'autre des interprétations.

Lorsque l'on parle de l'influence qui existe entre les couleurs, on ne fait pas le lien du point de vue esthétique, comme en décoration. L'enfant ayant dessiné dans les teintes d'orange et n'ayant pas rajouté la couleur complémentaire bleu ne veut pas dire qu'il a des problèmes à quelque niveau que ce soit.

Ce que l'on vérifie, c'est le message conscient ou inconscient. Même si l'enfant appose les couleurs véritables tels un arbre brun, des feuilles vertes ou allant tout à fait à l'encontre de la logique: de l'eau rose, un soleil vert..., il faut rester vigilant et prudent. Les exemples qui suivent vous apporteront les explications nécessaires.

## Le rouge

Le rouge est la première couleur que l'enfant apprend à distinguer.

L'enfant qui préfère employer le rouge en priorité nous indique qu'il est de nature énergique, à l'esprit sportif, ou qu'il vit de l'agressivité quelque peu destructrice. Cette couleur représente le sang, la vie, l'ardeur dans les gestes faits, c'est une couleur fondamentalement «active».

Le rouge accompagné de noir doit être interprété avec discernement. Car le noir bloque l'énergie du rouge. L'enfant, de prime abord, ne semble pas agressif; pourtant, un jour ou l'autre, l'anxiété et l'angoisse feront surface dans un éclatement majeur. Vous connaissez l'expression «voir rouge» qui veut dire ne pas être content ou se fâcher.

Il arrive que les parents ne se doutent pas de ce qui se prépare; leur enfant est si doux et si inoffensif... L'enfant lui-même ne se comprend pas. Cependant, la tension accumulée ne peut être contrôlée éternellement consciemment ou inconsciemment.

Il peut être difficile de déterminer quand la situation éclatera. Les différents dessins faits par l'enfant en donneront une bonne idée par des signes avant-coureurs qui s'y trouveront.

## Le jaune

Le jaune véhicule la connaissance, la curiosité ainsi que la joie de vivre. L'enfant qui dessine souvent avec la couleur jaune est plus expressif que la majorité des enfants. De nature généreux, il est extraverti, très optimiste, mais surtout très ambitieux!

Il aura beaucoup de facilité à atteindre ses buts, car il a beaucoup de potentiel. Le jaune en surabondance a cependant le même effet qu'un coup de soleil: «Ça tape sur la tête.» Ce type d'enfant, sans être hyperactif, aime planifier longtemps à l'avance son emploi du temps. Il est exigeant pour lui-même et les autres. Ce qui n'accorde pas grand répit à son environnement qui peut, à l'occasion, se demander ce qui arriverait bien à le contenter. L'ambition, c'est bien beau, mais parfois... ça tue son homme!

## L'orange

L'orange compte parmi les couleurs les plus éclatantes. Composé de rouge et de jaune, il exprime le besoin de contact social et public. L'enfant accordant la priorité aux teintes orangées a un faible pour la nouveauté et les choses vite faites.

L'enfant préfère de beaucoup les jeux de groupe. Il fait preuve d'esprit d'équipe et de compétition, surtout si on lui accorde un certain pouvoir de leadership.

Les jeux éducatifs qui demandent de la concentration et un certain sens d'observation n'ont pas la cote d'amour chez ce type d'enfant, impatient de nature. Ses gestes ainsi que son langage sont rapides et même précipités. De façon générale, il sait s'affirmer non seulement auprès des siens, mais facilement dans tout nouveau contexte.

## Le bleu

Le bleu est la dernière couleur que l'enfant distingue. Le bleu symbolise la paix, l'harmonie et la tranquillité. Cependant, il peut aussi refléter un aspect lymphatique.

L'enfant préférant le bleu à toutes les autres couleurs nous fait savoir qu'il est introverti et désireux d'aller à son propre rythme. Il ne faut pas le bousculer ou changer ses habitudes. Ses amis sont peu nombreux et occasionnels.

Cependant, si le bleu sert mal le style du dessin, c'est que l'enfant essaie de nous faire comprendre que son environnement est trop exigeant et qu'il aimerait avoir la paix.

L'énergie qui circule dans le bleu est douce et calme. Il est à déconseiller aux parents de mettre la chambre de leur enfant dans les tons de bleu, s'il est hyperactif. L'enfant ne se sentirait pas bien, car le bleu pour lui est une couleur opposée à ses besoins. Toutefois, le vert sera une couleur calmante et favorable pour l'hyperactif.

## Le vert

Le vert représente la verdure; il a la même influence que les feuilles des arbres qui ont la possibilité de filtrer et de purifier l'air. Le vert est composé de jaune et de bleu, donc d'un aspect reflétant la curiosité, la connaissance et le bien-être.

L'enfant qui se sert souvent du vert fait preuve de maturité; il comprend les choses qu'on lui explique et aime bien les expérimenter par la suite. De nature sensible et intuitif, il sait très vite lorsqu'on lui ment ou lorsqu'on lui dissimule certains faits. Son imagination se vérifie par son initiative. Son énergie physique est constante; il est rare qu'il soit malade.

Par contre, si dans les dessins le vert est mal utilisé, c'est que l'enfant se sent ou se dit supérieur aux autres. L'ego peut être fort et déranger son entourage.

## Le noir

Le noir est une teinte souvent mal interprétée. Les parents s'inquiètent facilement lorsque les dessins de leur enfant contiennent beaucoup de noir. Souvent associé aux forces des ténèbres, du mal ou des mauvaises pensées, il fait craindre le pire. On fait inconsciemment le rapprochement avec l'expression «broyer du noir».

Le noir représente en fait l'inconscient, les choses que l'on ne voit pas, alors que les gens préfèrent habituellement le visible, le palpable et le prévisible, la bonne vieille sécurité, quoi!

L'enfant qui utilise fréquemment le noir nous indique qu'il se fait confiance, c'est-à-dire que demain ne lui fait pas peur... Cet enfant a la capacité de s'adapter facilement aux imprévus apportés par le destin. Comme vous pouvez le constater, ce n'est pas négatif *a priori*. Il y a cependant le noir qui porte un message ambigu ou carrément néfaste, ce qui correspond «aux idées noires». L'enfant dissimule ses pensées, met le voile sur certains «secrets»; il se dit «que c'est son droit». C'est une forme d'autoprotection.

À certains moments, le noir sera accompagné de bleu; on peut faire l'évaluation d'un enfant dépressif ayant un côté défaitiste. L'expression «j'ai les bleus» parle par elle-même.

## Le rose

Le rose est composé de rouge atténué par du blanc. Donc, l'énergie de base véhiculée par la couleur rouge est diminuée dans son intensité. L'enfant qui s'accroche résolument au rose recherche la douceur et la tendresse. L'expression «voir la vie en rose» exprime bien ce que le rose dénote. L'enfant préfère connaître ou être en contact seulement avec les choses agréables et faciles. Le côté positif de cette teinte, c'est que ce type d'enfant est adaptable et qu'il est facile d'entrer en contact avec lui. Le côté négatif, c'est que cet enfant montre de la vulnérabilité face aux situations plus ou moins agréables.

Par le passé, le rose était lié au côté féminin et le bleu au masculin. Ce qui revenait à dire «Sois belle et tais-toi. Tu peux rêver tant que tu veux ou tant que tu peux!»

Avec le rose, on fait savoir qu'on aime bien notre statut d'enfant et que l'on désire y rester attaché pendant longtemps, ce qui peut dénoter une difficulté à prendre des responsabilités, furent-elles, tant soit peu minimes.

## Le mauve

Composé de rouge et de bleu, c'est une couleur englobant plusieurs éléments. L'enfant qui préfère le mauve ou le violet se distingue facilement dans son attitude et son comportement parmi d'autres enfants.

Il aime s'engager avec enthousiasme, mais la philosophie consciente ou inconsciente qui s'y rattache ressemble davantage à «Je ne fais que passer». Ce genre d'enfant est autant extraverti qu'introverti, il est périodique. Pour un laps de temps, il s'intègre au milieu en fonctionnant très bien et, par la suite, il préfère se retirer laissant le groupe qui semblait lui être tout à fait favorable.

## Le brun

L'élément de la terre, la stabilité, la structure et la planification sont les correspondances accordées à la couleur brune.

L'enfant est attaché au confort et à la sécurité tels que la bonne nourriture, un lit douillet, des vêtements confortables. Tout ceci définit bien le genre d'enfant préférant les teintes de brun.

Un aspect positif ressort lorsque cette couleur est bien intégrée à la forme du dessin: elle nous indique un enfant stable et minutieux dans ce qu'il entreprend. Il est de nature patient, mais lent à réagir; on doit lui accorder du temps pour qu'il puisse évaluer la situation.

Il préférera l'acquis à la nouveauté. Ce n'est pas l'enfant le plus enjoué; il aura plus le style collectionneur. «Surtout ne pas toucher à ses choses», car tout est rangé là où il faut, «chaque chose a sa place et chaque place a sa chose».

On fait souvent le rapprochement avec l'expression «vieux garçon ou vieille fille»; son habitude peut sembler monotone aux yeux de certains, mais lui se sent bien ainsi.

## Le gris

Comme le gris est formé de noir et de blanc, on vascille entre le connu et l'inconnu: prendre une décision, c'est du «sport». L'enfant qui dessine ses formes avec du gris est en période de transition, un pied dans le passé et un pied dans le futur. Si le gris est trop fréquent, l'enfant manque d'affirmation dans ses choix, il peut être facile à influencer. Face à chaque situation, il peut réagir comme un caméléon.

Dire oui si c'est ce que l'on veut entendre ou dire, non si c'est ce que l'on veut qu'il dise.

Le «temps gris» n'est pas annonciateur de belle température. L'enfant préférant le gris peut être porté à ruminer constamment des frustrations passées.

## Le blanc

Pour expliquer le blanc, on se référera au thème de la transparence.

L'enfant choisit rarement le crayon de couleur blanche même s'il y en a un à sa disposition. Il préfère laisser l'espace vide pour exprimer le blanc.

Souvent cette teinte est dite favorable, mais il ne faut pas oublier l'expression «avoir un blanc de mémoire». Le blanc purifie, neutralise; par contre, il peut être un agent qui élimine définitivement les éléments passés. C'est comme si l'on recommençait à neuf en voulant nier ou renier ce qu'a été «hier».

L'aspect positif fait mention de l'infini, de l'intemporel. Selon l'expression qui s'y rattache «avoir carte blanche», l'enfant ne voit ou ne désire aucune entrave aux gestes qu'il fait.

## Le dessin en une seule couleur

Il est d'une importance majeure d'analyser le dessin colorié dans une seule teinte. Il peut s'agir de paresse ou d'une non-motivation, c'est-à-dire que son entourage a pu obliger l'enfant à s'asseoir et dessiner pour ne pas être dérangé ou pour qu'il se tranquillise. Mais ce n'est pas ce genre de situation qui nous intéresse, bien que l'on doive s'en soucier pour ne pas que notre interprétation soit biaisée.

Une teinte uniforme dans un même dessin se veut un message clair, net et précis, il y a moins d'équivoque dans l'analyse et l'interprétation; c'est comme si l'enfant ne veut rien cacher, au contraire il désire être découvert et compris. En élaborant moins sur la couleur, il amplifie l'importance du trait et de la forme.

Ce qui doit être retenu dans un premier temps: l'enfant n'est peut-être pas présent à ce qu'il fait et la première couleur étalée sur la feuille servira jusqu'à la fin, ou sinon c'est qu'il cherche à mettre en valeur le thème, le sujet au profit de la couleur.

## L'INTERINFLUENCE DES COULEURS

Ce qui suit vous intéressera sûrement, car il vous apportera des éléments importants et très significatifs sur l'influence des couleurs entre elles. Au départ, lorsque vous jetez un regard sur le dessin de l'enfant, les couleurs cherchent à s'imposer d'elles-mêmes, plus que la forme parfois, et ce n'est pas le fruit du hasard. En effet, comme je l'ai déjà expliqué, l'inconscient de l'enfant a déjà fait sa part, c'est maintenant à vous de départager les faits en ne vous laissant pas trop influencer par la couleur que l'on vous jette aux yeux...

Plus vous aurez de données et d'informations sur la symbolique des couleurs, plus vous serez en mesure d'être précis lors de votre interprétation. L'enfant, qu'il soit sensible, rationnel, actif ou émotif, a ses couleurs préférées. Ceci ne veut pas dire que dans chacun de ses dessins vous les retrouverez automatiquement. Ce qui suit définit davantage ce que l'enfant désire exprimer à travers l'emploi de différentes couleurs; vous saisirez facilement les explications apportées, car elles se veulent logiques et pratiques. Par exemple, l'enfant actif sera porté vers des couleurs flamboyantes telles que le rouge et l'orange. Pourtant, lorsqu'il dessine, il arrive aussi qu'il opte pour le jaune, le vert et même, à l'occasion, le noir. Alors comment interpréter l'influence de toutes ces teintes entre elles?

L'interprétation des couleurs n'est pas une évaluation sur le plan esthétique, je m'intéresse plutôt à la représentation de la valeur psychologique. Que le dessin n'ait aucune valeur sur le plan esthétique ne veut pas dire qu'il soit dépourvu de tout intérêt relativement à la symbolique des couleurs. Dans les prochaines pages, même si je mentionne ce que révèle le choix des couleurs employées par l'enfant, il faudra tenir compte avant tout des différentes formes se trouvant dans son dessin. Par exemple, la couleur rouge dans un cercle n'a pas le même impact que le rouge dans un triangle ou un carré; il en va de même pour la couleur verte dans un cercle, un triangle ou un carré, et ainsi de suite.

## L'influence des différentes couleurs accompagnant le rouge

Le rouge est la couleur de la vie et de la passion. Il peut aussi représenter la colère, selon les teintes qui l'accompagnent.

### Le rouge et le jaune

Lorsque le rouge et le jaune prédominent dans un dessin, l'enfant nous informe qu'il cherche à s'impliquer ardemment avec le goût d'apprendre. En fait, il se trouve dans une période où il est facilement motivé, rien ne semble être à son épreuve. Il ne reste pas accroché à des peccadilles et démontre beaucoup de générosité. Il est porté à agir comme s'il avait la situation bien en main, ce qui est normal puisqu'il déborde de confiance en lui.

## Le rouge et le noir

Le rouge accompagné de noir démontre une énergie qui est bloquée. Il faut s'attendre, un jour ou l'autre, que la frustration accumulée se change en une énorme et forte explosion. Cependant, cette colère fera place par la suite à un moment de grand calme et de grande sérénité. On aura le plaisir de découvrir l'enfant sous un nouveau jour et on le sentira davantage ouvert à l'extérieur comme ayant fait la paix avec les choses du passé.

## Le rouge et le brun

Le rouge peut à l'occasion côtoyer le brun. L'énergie déployée par ces deux couleurs dégagera un certain côté pragmatique, le brun représentant une forme de stabilité. Cependant, le rouge agira comme un excellent moteur qui empêche le jeune enfant de stagner sans pour autant lui enlever la sécurité tant recherchée. Celui-ci sera donc porté à mettre son énergie seulement là où sont ses intérêts, sans s'éparpiller.

## Le rouge et l'orange

On remarquera une énorme différence d'attitude lorsque l'enfant emploie des teintes de rouge et d'orange. Il devient vite motivé et motivant pour son entourage, démontrant ainsi une capacité à s'investir sans aucune gêne. Même s'il s'agit d'un nouveau groupe, il pourra facilement vivre des changements majeurs. Comme il aura facilement le vent dans les voiles, ne pensez pas que vous aurez le temps de vous accorder un petit moment de repos!

## Le rouge et le bleu

Lorsque le bleu se joint à du rouge dans un dessin, l'enfant fait preuve d'une bonne motivation dans tout ce qu'il entreprend tout en étant capable de s'accorder la permission de quelques moments de répit lorsqu'il en ressent le besoin. Lorsqu'il y a dans le dessin du jeune enfant beaucoup plus de bleu que de rouge, c'est que celui-ci s'implique sans démontrer trop d'enthousiasme. Il est même parfois difficile de savoir s'il a un certain intérêt à participer.

## Le rouge et le rose

Il arrive que certains dessins soient un amalgame de couleurs avec lequel l'œil est moins familiarisé comme les teintes de rouge et de rose. Le rose ayant pour rôle de diminuer la source d'impulsivité que le rouge diffuse, l'enfant qui utilise ces deux couleurs a la capacité d'agir mais on dénotera une certaine hésitation. Il cherche davantage la facilité sans pour autant être opportuniste. Son rêve est-il susceptible de se réaliser? Il aimerait bien y croire...

## Le rouge et le gris

Si les teintes de gris sont accentuées et que le rouge est présent sur une même feuille, c'est que l'énergie de cet enfant n'est pas constante. Il n'est certainement pas bien dans sa peau, se posant des questions sans vraiment obtenir de réponses satisfaisantes et ayant l'impression qu'il ne lui arrive jamais rien! Le gris provoque une certaine forme d'insécurité; l'enfant ainsi plongé dans l'inconnu cherche à garder espoir en s'accrochant vivement à la couleur rouge qu'il aura employée.

## Le rouge et le vert

Certains enfants seront portés vers le rouge et le vert. Il n'est pas difficile de comprendre qu'ils désirent agir dans le but de changer les choses parce que le vert est un élément d'oxygénation: ils aspirent à changer d'air. Ces enfants sont capables de supporter les contraintes de tout genre se disant que le temps arrange les choses. Rappelez-vous, ces deux couleurs représentent le temps des fêtes, plein de réjouissances et de belles promesses s'y rattachant.

## Le rouge et le mauve

Lorsque l'âme participe au présent de l'enfant, il n'est pas rare de voir apparaître le mauve. Mais lorsque le rouge et le mauve se côtoient, l'énergie déployée par cet enfant est guidée assurément par une forte intuition et une grande inspiration. Il est important pendant cette période de faire confiance aux impressions que l'enfant vous fera partager. Il n'est pas surprenant non plus que celui-ci fasse des rêves prémonitoires.

## L'influence des différentes couleurs accompagnant le jaune

Le jaune est une source d'énergie qui ouvre l'esprit; la connaissance est plus facile à assimiler. Semblable à une éponge, l'enfant absorbe les éléments positifs.

## Le jaune et le vert

La connaissance au service d'un meilleur jugement, le jaune dépeint le savoir et le vert fait la part des choses quant à ce qui est bon et valable pour soi. L'enfant est certainement dans une bonne période et prend conscience de nouvelles choses. Ne s'accaparant pas de futilité et son jugement étant meilleur, il fait preuve de plus de maturité dans ses besoins et ses attentes. Il parle du futur avec moins d'appréhension. Le domaine des arts commence à piquer quelque peu sa curiosité.

## Le jaune et l'orange

Ce type d'énergie profite à l'entourage qui gravite autour de cet enfant. Celui-ci est par contre très bavard pendant cette période, il pose continuellement des questions qui sont souvent embêtantes. Il ne restera pas à la maison même les jours de pluie, il veut découvrir le monde sous tous ses aspects. Son goût de la comédie commencera à faire surface, il vous montrera qu'il aime bien faire le clown...

## Le jaune et le noir

Le jaune et le noir symbolisent les connaissances que l'enfant ne désire pas partager. Il regarde, capte ce qui se passe autour de lui, mais il ne cherche pas à échanger avec les autres. Il préfère rester muet et garder ses pensées secrètes, car il est davantage dans une période où il emmagasine les données. Il attendra juste le bon moment et la bonne personne pour établir un certain contact en vue d'un bon échange d'opinion.

## Le jaune et le rose

Si l'enfant s'entoure de rose, c'est qu'il aspire à de grands rêves. Mais sera-t-il capable de déployer suffisamment d'énergie pour être en mesure de les réaliser? Le jaune qui complète le rose est favorable, car ces deux couleurs sur une même feuille expliquent que l'enfant a une facilité à chercher des informations nécessaires et adéquates pour savoir si son rêve correspond à une certaine réalité. Il sera grandement motivé par la suite à ne pas lâcher prise.

## Le jaune et le mauve

Le mauve est une couleur qui élève la conscience humaine. Certains enfants possèdent à l'intérieur d'eux une vision du monde qui leur est bien personnelle. Ils ne sont cependant pas tout à fait conscients qu'ils sont peut-être les précurseurs d'un nouveau monde, élaborant de nouvelles théories qui feront basculer les gens vers des avenues jusque-là inconnues de tous, nous faisant partager le savoir d'un monde qui semble inexistant mais qui est juste invisible à nos yeux.

## Le jaune et le gris

Chaque fois que le gris prédomine dans un dessin, il est important de vérifier quelle autre couleur prend la seconde place. Si c'est le jaune, l'enfant a grandement besoin d'un petit coup de pouce; même s'il sait qu'il est capable d'agir et comment, il donne l'impression d'avancer d'un pas et de reculer de deux. Alors il est temps d'être présent à ses côtés afin de l'accompagner à passer à une autre étape au moment opportun.

## Le jaune et le brun

L'enfant qui ressent un grand besoin de stabilité et de continuité optera davantage pour les teintes de brun, ce qui lui promet une sécurité et un encadrement assurés. Le jaune et le brun appartiennent à un enfant calme et très intelligent qui aime bien collectionner toutes sortes de choses. Il s'intéresse de près à l'histoire, il aime les jeux de stratégie qui demandent de la tactique. Il sera fortement impressionné et intrigué par la magie, surtout par la magie de la vie.

## L'influence des différentes couleurs accompagnant l'orange

La couleur orange est celle qui représente le besoin de contact social, mais elle symbolise aussi des moments superficiels où l'on arrive à bien s'amuser.

## L'orange et le bleu

L'orange amène l'enfant à se sociabiliser, mais le bleu vient faire en sorte qu'il prendra le temps de choisir le groupe qui lui conviendra le mieux. Il optera davantage pour un domaine où l'harmonie et la paix seront présentes au sein du groupe, là où il n'y a pas de compétition. Se dépenser pour une bonne cause, voilà le vrai besoin de cet enfant.

## L'orange et le vert

Le petit bout de chou toujours prêt à rendre service aura dans ses dessins du orange et du vert. Peut-être a-t-il l'âme de celui qui est capable de motiver ses camarades et de leur faire voir les choses sous un jour différent. Même s'il participe activement au sein du groupe, il est très peu influençable. Cela est à son avantage, car il peut ainsi préserver son individualité.

## L'orange et le noir

L'orange et le noir contiennent beaucoup de non-dit; l'enfant s'oriente vers des domaines qui semblent l'intriguer sans qu'il sache trop bien à quoi s'attendre. Tout ce qui est entouré de secret et de mystère l'intéresse. Comme il est curieux de nature, il peut aller facilement au bout des choses. N'ayez crainte, il ne cherche pas à provoquer aucun drame, même s'il aime les contes qui font peur... C'est une période qui dure rarement longtemps.

## L'orange et le rose

On s'amuse comme des petits fous, sans contrainte et sans brusquerie: ceci semble être l'état d'esprit de l'enfant qui apprécie l'orange et le rose. Il fait confiance à l'entourage croyant tout un chacun, laissant la responsabilité de sa propre destinée à sa bonne étoile. Le rêve et peut-être même l'illusion peuvent s'installer, alors il est important de jeter un coup d'œil sur les influences qui entourent cet enfant afin de s'assurer que tout est pour le mieux.

## L'orange et le brun

La société met en évidence le pouvoir de l'argent et l'enfant en est conscient jusqu'à un certain point. Si celui-ci favorise les couleurs orange et brun pour ses dessins, c'est qu'il a une bonne idée de ce que l'argent peut procurer en biens matériels. Pour lui, la sécurité se trouvera dans un environnement où il n'y a aucun problème financier. Comme enfant, il a besoin d'un certain confort, mais son vrai besoin ou sa préférence ira à coup sûr pour la bonne nourriture.

## L'orange et le gris

Lorsque l'enfant se retrouve dans un milieu qui lui convient, il a la possibilité de vivre une période de transformation positive. Mais lorsque celui-ci se sent rejeté, mis de côté, il se pourrait fort bien que l'orange et le gris apparaissent dans ses dessins. Même s'il fait équipe avec d'autres, il n'est jamais assuré ou rassuré d'en faire partie encore pour un certain temps parce qu'il a de la difficulté à obtenir un certain *feedback* de ses compagnons.

## L'influence des différentes couleurs accompagnant le bleu

Le bleu est la couleur du paradis où la paix et la sérénité se côtoient, mais il peut aussi être l'aspect d'un manque de motivation qui peut durer un bon moment.

## Le bleu et le rose

Si vous trouvez que votre enfant semble régresser, qu'il a des attitudes un peu bébé et qu'il ne veut rien comprendre, peut-être devriez-vous jeter un coup d'œil sur ses dessins... Beaucoup de bleu et de rose nous fait mieux comprendre l'attitude de l'enfant à caractère naïf. Celui-ci est dans une étape où il ne désire absolument pas grandir, il ne pense qu'à s'amuser. Il veut nous faire comprendre qu'il n'est pas un petit adulte mais seulement un jeune enfant.

## Le bleu et le mauve

Vous avez peut-être entre les mains un enfant d'un calme hors du commun. Vous pourriez craindre qu'il ait la tête dans les nuages comme s'il était déconnecté de la réalité. Le bleu et le mauve ensemble ne sont pas de mauvais augure. Il est certain que l'enfant n'a pas le même rythme que le reste du groupe, mais il ne semble pas s'en préoccuper. Rien ne semble l'atteindre ou le déranger, il expérimente tout simplement le lâcher-prise.

## Le bleu et le brun

Une forte dose de bleu et de brun donne une forme de stabilité qui est grandement appréciée par l'enfant. Sur le plan émotif, il ne cherche pas les montagnes russes, préférant garder les deux pieds sur terre. Il n'est pas exigeant ni compliqué. Même s'il est très jeune, il aime bien avoir des informations qui concernent son futur, par exemple: «Raconte-moi comment je serai lorsque je serai grand!»

## Le bleu et le noir

Dans les premières pages de ce livre, j'ai expliqué brièvement que le bleu pouvait, malgré ce que bien des gens en pensent, être une couleur divulguant un état morne et passif. Même si le bleu est normalement considéré comme une couleur dégageant la paix, la douceur, lorsqu'il est en présence de noir, il devient tout autre chose. L'enfant se trouve démuni. La misère noire, vous connaissez? Ne pas le brusquer ou lui faire la morale serait bienvenu.

## Le bleu et le gris

L'enfant se sent vraiment dépassé par les événements, perdant même espoir que les choses s'arrangent. Il ne ressent pas d'angoisse ou d'anxiété, c'est comme s'il n'arrive plus à réagir aux éléments extérieurs; sur les plans émotif et affectif, il est comme vide. Le thème du dessin devrait apporter de bonnes informations; il faut aller au-delà des couleurs dans ce cas-ci et ne pas laisser de côté les moindres détails.

## L'influence des différentes couleurs accompagnant le vert

Le vert est une couleur qui rafraîchit, qui apporte une nouvelle énergie. Il motive pour aller de l'avant sans aucun regret face au passé.

### Le vert et le noir

L'enfant qui préfère ces deux couleurs à toutes les autres est très intelligent. D'ailleurs, il est conscient que son intelligence est au-dessus de la moyenne; cependant, il n'est pas bavard, il observe davantage plus qu'il ne parle. Il sait faire preuve de discernement. Mais attention! ses dessins peuvent cacher une certaine facilité à tricher; parce qu'il se sent supérieur, il peut devenir manipulateur.

### Le vert et le rose

On est en présence d'un enfant qui se réjouit de son statut de bout de chou, alors ne le pressez pas trop de grandir. Il arrive à bien se débrouiller même lorsque vous n'êtes pas à ses côtés. Il n'a pas vraiment besoin d'être encouragé ou sécurisé. Il est encore trop jeune pour faire des projets, mais il ne l'est pas pour rêver. Le rose lui permet de voir le monde sous un jour quelque peu féerique, tandis que le vert nous démontre que l'enfant est plus mature que l'on peut penser.

### Le vert et le mauve

Pendant la période où l'enfant revient constamment au vert et au mauve, il n'est pas rare que la forme de ses dessins se rapproche du mandala. Il semble rempli d'une forme de magnétisme ainsi que d'une belle et bonne énergie. Il semble vouloir diffuser des vérités et de grands bonheurs. Ce sera peut-être de courte durée, mais l'enfant n'oubliera pas cette période où il aura profité d'une vision différente du monde.

## Le vert et le brun

On ne sait comment ni pourquoi, mais l'enfant qui préfère le vert et le brun attire à lui l'abondance. Ces couleurs que l'on trouve dans ses dessins signifient qu'il n'y a aucune barrière ou opposition à son bien-être physique; il semble être maître de la situation. Il élimine les éléments qui ne sont pas intéressants à ses yeux, il va ainsi droit au but sans se détourner de ses objectifs tout en étant capable de respecter son environnement.

En somme, ce qui est important de retenir ici, c'est que le noir employé de façon très significative dans tous les dessins de l'enfant n'est peut-être pas négatif. Dans ce cas, il faut vérifier l'attitude de l'enfant au moment où il dessine. Ses gestes sont-ils agressifs ou prend-il son temps pour bien définir les moindres petits détails? Lorsque l'enfant fait des commentaires sur ce qu'il vient de dessiner ou s'il s'enferme dans un mutisme devant sa feuille en dit déjà suffisamment long! On ne doit pas sauter trop vite aux conclusions lorsque le dessin ne ressemble à rien de connu ou si c'est du déjà vu: chaque enfant vit dans son monde qui lui est bien personnel et particulier. Que ses dessins portent à confusion à cause des couleurs ou des traits qu'il emploie n'indique aucunement que l'enfant ne se sent pas à l'aise dans son environnement. Il est préférable de prendre le temps nécessaire pour bien évaluer son tempérament et voir si l'expression de ses dessins est l'empreinte de sa propre essence, c'est-à-dire son identité première, ou s'il ne s'agit que d'une pâle imitation ou le reflet de certaines influences qui se sont imposées à lui. Lorsqu'on fait une simple interprétation, tous les résultats peuvent être plausibles et avoir un fond de vérité. Mais lors d'une analyse exhaustive, on ne peut se permettre aucune erreur.

Comme vous avez pu le constater, il y a une multitude de points qui entrent en ligne de compte dans l'interprétation d'un dessin: l'orientation dans l'espace, la dimension du dessin, la pression du trait, la forme, la couleur et le thème. Chacun de ces éléments pris isolément peut être facile à décortiquer lorsque vous prenez le temps de bien assembler les morceaux du casse-tête, mais lorsque vous mettez tous ces traits et toutes ces couleurs devant vous et que vous désirez ardemment trouver le secret qui s'y cache, soyez assuré que vous passerez à côté de certains éléments fort importants. Vous devez être tout simplement disponible et disposé à démontrer une ouverture d'esprit face à ce dessin qui ne demande qu'à être découvert sous son vrai jour.

## LES SAISONS SE RAPPORTANT AU DESSIN

On accorde une certaine importance à la saison à laquelle l'enfant fait allusion dans son dessin.

Par exemple, celui qui préfère dessiner des paysages d'hiver aspire à la paix et à l'harmonie. Il désire mettre en veilleuse certains événements passés. La neige recouvre bien des choses; à l'occasion elle peut même camoufler...

Le printemps, quant à lui, est signe d'espoir et de renouveau! L'enfant n'oublie pas ou n'a pas oublié certaines promesses que vous avez pu lui faire. L'enfant est plein de projets, tout capte son attention. Il questionne plus que d'habitude, même qu'il peut vous paraître intuitif dans ses allégations. Il aimerait bien qu'on lui confirme ce qu'il pressent.

Les scènes d'été incluant des fleurs, des petits oiseaux et tout le «tralala» nous invitent à penser que l'enfant vit le moment présent: il y a du bonheur dans l'air! Il faut cependant faire attention; selon le contenu du dessin, nous pouvons arriver à la conclusion que l'enfant se raconte des histoires dans le but de croire que ses rêves sont devenus réalité.

L'automne se veut la fin d'une étape; l'enfant a donné le maximum de rendement, il cherche à prendre un peu de recul, il ralentit son rythme. Ce qui ne dénote pas nécessairement de la tristesse ou de la peine, mais plutôt une conclusion.

## LA MAISON

La maison représente un thème fréquemment choisi par l'enfant; elle représente l'émotion vécue du point de vue social. Ce thème nous donne des renseignements sur le degré d'ouverture ou de fermeture vis-à-vis de l'environnement immédiat.

Êtes-vous porté à penser que toutes les maisons dessinées par les enfants se ressemblent? Après avoir lu cette rubrique, vous changerez sûrement d'avis. Il y a une foule de détails qui modifient de façon majeure l'interprétation reliée au dessin.

Plusieurs éléments sont à développer lors de l'analyse du dessin de la maison; il y a bien entendu l'orientation dans l'espace, la pression, les couleurs employées, mais les éléments qui nous intéressent davantage sont: le nombre de fenêtres, la fumée qui s'échappe de la cheminée, s'il y en a une... et la poignée de porte.

La grosseur de la maison est à prendre en considération; par exemple, l'enfant qui dessine une grosse maison vit une phase plus émotive que rationnelle, tandis que la petite maison représente l'état d'âme d'un enfant, plus introspectif, se posant certaines questions.

Comme je vous le mentionne ci-dessus, l'indication apportée par la grosseur de la maison nous fait prendre conscience du genre ou de la forme de contact que l'enfant établit avec son environnement.

La dimension de la porte donne des renseignements qu'on ne doit pas sous-estimer. Une petite porte annonce l'enfant réfractaire à inviter les gens dans sa demeure. Il est sélectif avec ses amis ou parents. Il n'apprécie guère qu'il y ait trop de questions ou trop de surveillance. Sa porte ne s'ouvre pas à qui veut.

Au contraire, une immense porte est un signe de bienvenue à n'importe qui ou presque; «la compagnie, ça énergise»!

La vie pour ce type d'enfant est une fête perpétuelle... ou doit en être une.

L'enfant vit-il le moment présent ou se réfère-t-il continuellement au passé? Se projette-t-il dans le futur par des rêves fantastiques? La symbolique de la poignée de porte nous donnera les réponses à ces questions.

Vous avez déjà sans doute remarqué dans certains films ces immenses maisons, style château valant plusieurs millions. La majorité du temps, la poignée de porte se trouve au centre. Il est rare qu'une simple demeure avec une simple porte ait une simple poignée dans le milieu... Lorsqu'un enfant a dessiné une poignée au centre de la porte, vous êtes en présence d'un enfant qui recherche l'indépendance, l'autonomie et qui, d'une certaine façon, aime bien se distinguer des autres. Ceci comporte des avantages, mais il peut aussi avoir un peu la tête dure, c'est-à-dire ne vouloir qu'en faire à sa tête.

Si la poignée a été placée vers la gauche, les pensées de l'enfant sont liées au passé; il est préférable de s'adresser à lui en lui parlant d'événements favorables et positifs survenus dans le passé, dans le but de renforcer sa confiance pour le futur. Ce genre d'enfant n'apprécie pas les changements trop brusques ou précipités, il faut lui accorder un certain temps avant qu'il se fasse à l'idée de... Il semble préférer la compagnie d'enfants plus jeunes que lui. Dans son attitude et son comportement, il ne démontre pas le besoin de vieillir ni de grandir, gardant quelquefois un air bébé.

À l'opposé, la poignée de porte située à droite correspond à l'enfant qui recherche le changement; il adore qu'on lui parle de ce qui s'en vient, des sorties à venir... Il a besoin d'être stimulé ou motivé constamment, non pas qu'il soit paresseux ou indolent, mais bien plutôt parce qu'il anticipe le futur. Il a de la difficulté à s'engager dans le «ici et maintenant». Il adore les surprises...

En se référant au symbole de l'orientation dans l'espace, on doit considérer que ce qui se trouve à gauche de la feuille représente le passé, ce qui est à droite représente le futur; il en est de même pour la poignée de porte.

## «METS DU FEU DANS LA CHEMINÉE...»

On ne retrouve pas automatiquement une cheminée sur chacune des maisons que l'enfant dessine, encore moins de fumée dans chacune d'elles. Même le type de fumée peut varier. L'enfant peut former des cercles ou de simples traits en guise de fumée.

«Mets du feu dans la cheminée, je reviens chez nous...» exprime bien l'analyse de la cheminée dans les dessins d'enfants. La fumée nous renseigne sur le degré et le genre d'émotion qui circule au sein de sa famille ou dans son environnement.

Un simple trait ou une intense boucane nous indique que l'enfant semble réagir à l'influence émotive vécue dans le milieu familial, parfois de façon favorable et à d'autres moments de façon défavorable.

Un léger trait, semblable à un filet, nous fait entrevoir deux possiblités: soit que le feu s'éteint ou qu'il vient tout juste de s'allumer. On a besoin d'autres indications pour arriver à l'une ou l'autre des conclusions possibles de l'analyse.

Plus la maison semble invitante, vivante par les couleurs employées, plus l'enfant vit une situation valorisante, il se sent revigoré. On peut dire que l'atmosphère familial est positive. Donc une légère fumée avec de grandes fenêtres et des couleurs gaies indiquent un événement nouveau (un nouveau feu vient de s'allumer dans le foyer).

Par contre, si les couleurs semblent peu vivantes et que plusieurs personnages manquent, alors le petit trait de fumée s'éteint, c'est la fin d'un feu qui se consume. La famille, après avoir vécu un regain d'énergie émotive, n'a plus le vent dans les voiles.

Une fumée qui se dégage par intermittence nous fait croire que la cheminée ne fonctionne peut-être pas bien, elle peut avoir besoin d'un ramonage. Il y a des choses dans la vie, tant pour les enfants que pour les adultes, qui sont difficiles à «digérer». Ce type de fumée est le signe d'un léger problème; certains rejets ou certaines peines au sein de la famille apportent de la tristesse. Dans ce cas, il est souhaitable d'aider l'enfant à se dégager de la culpabilité qu'il peut ressentir.

Plus le feu est vif et ardent, plus la fumée s'intensifie. Attention, il y a peut-être de l'agressivité dans l'air! Une fumée qui ressemble davantage à un gros nuage noir annonce de l'orage dans le milieu familial. On doit arriver à déterminer si c'est seulement une période difficile à passer ou si ça fait un bon moment que ça dure et que c'est loin d'être terminé.

Il ne faut pas perdre de vue que pour chaque trait, quel qu'il soit, qui se veut trop élaboré et intense ainsi que pour chaque trait qui se veut trop petit et presque inexistant, on doit être davantage vigilant lors de notre interprétation.

## LES FENÊTRES

Pour qu'une maison soit bien éclairée, un nombre suffisant de fenêtres doit être dessiné. Plus il y a de fenêtres, plus l'enfant est curieux de connaître ce qui se passe autour de lui. Il aime jeter un coup d'œil, à son gré, autour de lui. Par contre, le type de contact que l'enfant établit avec son environnement s'explique par le genre de porte qu'il aura fait dans son dessin. On regarde à travers une fenêtre mais on entre par la porte.

De petites fenêtres nous demandent d'être discret et circonspect face à l'enfant. Ne posez pas trop de questions et surtout ne lui donnez pas l'impression que vous le surveillez dans ses moindres gestes. L'introverti, lui, a l'habitude de dessiner un nombre restreint de fenêtres; il vous dicte par le fait même de le laisser tranquille.

De larges fenêtres démontrent une grande curiosité face à la vie, certes, mais elles peuvent être la représentation d'un enfant qui n'arrive pas à être satisfait; il désire toujours plus et mieux, car sa vue a besoin de s'étendre sur de plus vastes horizons. Cet enfant sera ambitieux et exigeant, ce qui n'est pas négatif en soi, mais il doit aussi reconnaître ses limites.

## LE BONHOMME

Ce thème, comme tous les autres, évolue en fonction de l'âge de l'enfant.

Le bonhomme représente, dans la majorité des cas, soit l'enfant lui-même ou les gens qui l'entourent. Il y a plusieurs éléments à analyser dans le dessin représentant un bonhomme tels que les traits de la figure, la position des bras et des pieds...

Il arrive à l'occasion que les enfants dessinent des bonshommes avec des traits simplifiés, on les nomme des bonshommes allumettes. Ce type de dessin nous indique que l'enfant s'accorde peu d'importance; il désire attirer notre attention sur les autres éléments qui composent son dessin.

L'enfant qui fait de grands traits ronds pour les yeux est curieux et a peut-être même une curiosité à fleur de peau. De grands yeux peuvent aussi représenter la peur, la crainte... L'enfant est comme sidéré, figé face à ce qu'il voit.

Lorsque l'opposé se présente, c'est-à-dire de très petits yeux, c'est qu'il préfère ne rien voir de la situation ou c'est qu'il est conscient qu'on lui cache quelque chose et il est prêt à jouer le jeu.

Une bouche manquante: l'enfant ne dit mot, il préfère se taire, pourquoi? Ce sont les autres éléments du dessin qui nous apporteront les réponses.

Tandis qu'une bouche accentuée, soit par son ouverture ou sa couleur, nous indique que l'enfant n'a peut-être pas la langue dans sa poche.

Dans l'ensemble des dessins d'enfants, on ne voit pas d'oreilles; elles sont souvent absentes, car l'enfant dessine des cheveux et ceux-ci cachent les oreilles. Cependant, lorsqu'elles sont apparentes, l'enfant signifie qu'il est tout oreilles, il a comme l'expression l'indique «l'oreille fine».

La position des bras a aussi son importance; s'ils sont dirigés vers le haut, l'enfant veut être entendu. Le fait de lever les bras représente une attente et le désir d'une réponse immédiate (il implore).

L'expression «baisser les bras» peut correspondre au dessin de l'enfant qui a placé les bras de son bonhomme le long de son corps. Il est dans une phase où il ne recherche pas le contact social.

Placés de façon horizontale, à la hauteur des épaules, les «bras ouverts» indiquent le besoin d'interaction. L'enfant est prêt à prendre tout ce qu'on veut bien lui donner.

Si le bonhomme n'a pas de main, c'est que l'enfant se sent incapable de prendre la situation «en main», peut-être parce qu'on ne lui en laisse pas la possibilité ou tout simplement parce que lui-même ne désire aucunement mettre la «main à la pâte».

Un bonhomme dont on n'a pas dessiné les pieds est peut-être à la recherche de stabilité; on peut arriver à faire une analyse avec l'expression «perdre pied». C'est comme si l'enfant n'avait pas la possibilité de bouger par lui-même, il devient très dépendant de son environnement.


LE SOLEIL

Par le passé, le soleil représentait le père; cette approche a été quelque peu modifiée avec les années.

La symbolique du soleil se veut «l'énergie masculine» se définissant comme étant notre côté indépendant et combatif. Le soleil est employé plus souvent que la lune ou les étoiles dans la majorité des cas.

Si le soleil est dessiné à gauche de la feuille (le côté gauche représentant le passé ou le lien avec la mère), l'enfant nous indique l'influence d'une mère autonome qui bouge et qui agit sans attendre après les autres! Ses rayons nous font savoir, s'ils sont trop ardents, que la mère est quelque peu envahissante. Plus les rayons sont forts, plus il y a de «danger de coup de soleil». «Se faire taper sur la tête» pourrait être l'expression à employer. La mère dans ce cas peut sembler avoir le bras long, désirant voir à tout, un peu en imposant sa volonté.

Un soleil brillant à droite de la page nous informe sur le genre de perception qu'a l'enfant de son père.

Un soleil «trop rayonnant» peut indiquer une certaine tendance à la violence verbale ou physique venant de celui-ci. J'ai fait mention d'un soleil trop ardent, mais un soleil sans rayons, même un peu terne, fait allusion à une perte d'enthousiasme et d'autonomie. Placé à gauche, il fait référence à la mère; placé à droite, il concerne le père.

Si la position du soleil est au centre du dessin, c'est la représentation de l'enfant, lui-même...

Il se sent et se veut indépendant, mais surtout il croit posséder une certaine responsabilité face à sa mère et son père; il peut s'agir d'une famille dysfonctionnelle mais l'enfant a le caractère et le potentiel pour faire face à la situation. Cependant, sera-t-il prêt à faire face à la musique pendant longtemps?

LA LUNE

Autant le soleil représente l'énergie masculine, autant la lune dégage le côté féminin; la douceur, l'adaptation et l'intuition lui sont étroitement liées.

L'enfant qui perçoit sa mère comme une personne douce et flexible, intuitive et attentive, dessine une lune sur le côté gauche de la feuille. Un dessin mal défini dans son ensemble, possédant des couleurs ternes, fait pressentir une mère très émotive ayant une certaine difficulté à s'affirmer. Elle semble ne pas «voir le jour où elle s'en sortira». Sa dépression rend l'atmosphère fébrile pour les membres de sa famille, même l'enfant s'en ressent.

Un père imaginatif et créatif possédant un talent artistique se découvre dans le dessin de l'enfant par une lune placée à droite de la page. Si le dessin, dans son ensemble, paraît négatif, c'est-à-dire de gros nuages avec de la pluie, une maison qui flotte à la dérive, le père est un grand rêveur, quelque peu irresponsable; il a de la difficulté à assumer son rôle de père de famille ou son statut d'homme marié.

L'enfant qui lui-même est un grand rêveur, «chercheur de tigres blancs en Afrique», nous dessine sans contredit une belle lune en plein centre de la feuille, aussi surprenant que cela puisse paraître; ce n'est pas un croissant de lune comme la majorité des enfants sont portés à dessiner qu'il apposera sur sa feuille mais une pleine lune; «il n'y a rien de trop beau» pour lui. L'aventurier, c'est lui! L'inventeur, le «patenteux», c'est lui!

Votre enfant dessine et affectionne une lune bien ronde? Dites-vous que vous avez affaire à un individu qui aime se singulariser, il n'apprécie guère la monotonie et le déjà vu...

Attention! Cependant..., il faut l'aider à garder un pied dans la réalité, il vit sur la terre et non dans les «sphères intergalactiques».

## LES ÉTOILES

La symbolique de l'étoile au niveau de l'interprétation du dessin rejoint quelque peu celle de la fleur. À la différence que la fleur plaît ou séduit tandis que l'étoile impressionne; on dit bien «Une étoile brille», «La star» pour parler d'une vedette.

Une fleur se laisse facilement cueillir, une étoile ne peut être détachée du firmament aussi facilement.

L'enfant qui aime bien dessiner des étoiles se voit non seulement vivre au moment présent, mais envisage de façon consciente ou inconsciente une grande destinée, «être vedette». Certains rêves deviennent parfois réalité...

## LES NUAGES

Les nuages ne sont pas nécessairement annonciateurs de mauvais temps, même s'ils sont producteurs de pluie, «manifestation de l'activité céleste».

L'enfant sensible à l'atmosphère parentale ou sociale dessine des nuages; il nous informe qu'il est conscient que ses journées peuvent être comblées tout à la fois de moments agréables et désagréables. Il sait faire la différence entre les nuages annonçant une simple averse et ceux qui préparent un gros orage. La couleur employée facilitera notre interprétation; par exemple, des nuages bleus: le temps est au beau fixe même si l'environnement n'est pas tout à fait d'accord sur certains points. Lorsque les nuages sont gris ou noirs, il est temps de sortir un parapluie.

## LA PLUIE

La pluie est un agent fécondateur de la terre. Elle nettoie et purifie mais elle peut être aussi dévastatrice et destructrice.

Plusieurs interprètent, dans les dessins d'enfants, la manifestation de la pluie comme des larmes que verse l'enfant, causées par un chagrin. Ceci peut s'avérer dans certains cas, tandis que dans d'autres, l'enfant nettoie et purifie par l'eau. «Après la pluie, le beau temps...»

## L'ARC-EN-CIEL, SIGNE D'ALLIANCE ENTRE DIEU ET L'HOMME

Symbole de paix et d'harmonie, tout ce qui est en forme d'arc représente la protection. La courbe fait foi de souplesse et de malléabilité. Comme il se trouve au-dessus de nos têtes, l'arc-en-ciel nous sécurise et nous protège: «Le ciel ne peut pas nous tomber sur la tête.»

On doit être doux dans l'approche d'un enfant dont les dessins comportent souvent des arcs-en-ciel. Il a sans doute connu des orages par le passé et ne veut sûrement pas revivre les mêmes choses; il est bon de le sécuriser fréquemment.

## L'ARBRE

De tous les symboles reliés au dessin, celui que je trouve le plus important est celui de l'arbre. En lui-même, il se veut complet, touchant la dimension physique, émotive ainsi que l'intellect de l'enfant mais surtout l'inconscient de celui-ci.

Depuis le début des temps, l'arbre fait partie intégrante de l'histoire de l'homme. Dans toutes les religions, on le retrouve sous différentes appellations: «L'arbre de vie, l'arbre de la connaissance, l'arbre du fruit défendu...»

L'analyse du dessin de l'arbre se divise en trois parties: la base et les racines, la hauteur et la largeur du tronc, les branches et le feuillage.

La base du tronc nous informe sur l'énergie physique de l'enfant ainsi que sur le genre de stabilité que son environnement lui apporte. Plus le tronc est large à sa base, plus l'enfant est «enraciné», son plein d'énergie se refait facilement. Par la terre et dans la terre, les fruits et les légumes puisent leur nourriture; c'est pareil pour le symbole de l'arbre, ses racines et sa base font de même.

Un enfant de santé fragile dessine une base étroite sans mettre beaucoup de pression sur son crayon; il est aussi plus facile de la déraciner.

La hauteur et la largeur du tronc nous démontrent l'attitude et le comportement de l'enfant face à l'extérieur. Est-il influençable et vulnérable ou capable d'affirmation?

L'arbre ayant un tronc haut et large prend plus de place, tandis qu'un tronc étroit, même s'il est d'une hauteur respectable, sera plus vulnérable aux intempéries. L'enfant est semblable au tronc qu'il dessine, il transpose dans son dessin sa perception sociale et nous indique la place qu'il occupe socialement.

Il arrive que l'enfant d'environ 5 ans et plus dessine, au centre du tronc de l'arbre, un cercle. «C'est la maison de l'oiseau ou de l'écureuil», vous dira-t-il... C'est l'éveil de la sexualité du point de vue social. Ne soyez pas surpris si pendant cette période vous retrouvez fréquemment des symboles sexuels dans ses dessins; il vous posera des questions autant sur papier qu'en parole.

L'imagination et la créativité se révèlent à travers les branches et les feuilles. La sève qui nourrit l'arbre produira un feuillage abondant, quand elle sera absente le feuillage le sera aussi. Vous connaissez l'expression «une imagination fertile»; on a besoin de sève pour nourrir notre esprit.

Un arbre sans feuillage possédant de rares branches n'est certainement pas bien nourri; peut-être manque-t-il d'engrais? On pourrait croire que l'enfant se sent triste et sans motivation. On aurait intérêt à éveiller sa curiosité; il a besoin sans doute de nouveautés...

Un gros feuillage, en voulez-vous des idées et des projets... L'enfant n'est pas à court d'idées. Attention, car un feuillage beaucoup trop touffu peut être un peu lourd pour ses branches. Il est convenable de le tailler, c'est-à-dire qu'il est préférable de laisser tomber quelques projets parce que l'enfant n'arrivera pas à faire tout ce qu'il désire; il y a trop de choses à la fois pour lui!

## LES FLEURS, «SYMBOLES DE L'AMOUR»

Les fleurs égaient par leurs couleurs tout en dégageant un parfum délicat, dommage que leur beauté soit éphémère...

L'enfant qui dessine des fleurs désire plaire. Si elles sont dessinées de manière répétitive, dites-vous que l'ego de cet enfant a besoin d'être nourri ou rassuré. (Il faut bien s'occuper des fleurs : les arroser, les tailler...)

Ne soyez pas surpris de voir apparaître davantage de fleurs dans les dessins de votre enfant lorsqu'il traverse le stade du complexe d'Œdipe. La petite fille désire non seulement attirer mais aussi retenir l'attention de son père pendant cette période ; l'inverse est aussi vrai pour le garçon.

## LA MONTAGNE

Le dessin de la montagne signifie une stabilité que l'enfant a atteinte ou cherche à atteindre. Elle peut aussi représenter des buts ou des rêves auxquels l'enfant s'accroche. Ce qui nous guide pour analyser correctement l'une ou l'autre de ces possibilités, c'est ce que l'enfant aura dessiné sur sa colline ou sa montagne. On peut y trouver un arbre, une maison, des fleurs... Ces différents thèmes ajoutés au dessin nous indiquent dans quel état d'esprit ou avec quel état d'âme l'enfant vit ou a vécu ses besoins.

Il ne faut pas oublier que si la montagne est à gauche de la page, c'est une stabilité acquise dans le passé ; si elle est à droite, c'est une stabilité que l'enfant désire atteindre. Placée au centre, elle représente des buts et des rêves qui demandent à être concrétisés dans l'immédiat.

L'enfant qui dessine un arbre ou plusieurs arbres sur la montagne nous informe qu'il n'est pas conscient que quelque chose le pousse à aller de l'avant ou à surmonter un obstacle ; il n'agit pas de manière volontaire.

Une maison sur la colline nous fait savoir que l'enfant vit avec émotion une transformation et que lui ainsi que ses proches atteindront une nouvelle harmonie et une nouvelle stabilité après avoir déployé une certaine énergie.

Des fleurs, des fleurs... Et voilà l'enfant qui rêve... Il a des désirs, des projets mais la montagne pour lui est perçue comme un effort, il voudrait que les choses soient plus faciles. Il est important dans ce cas de porter plus d'attention au reste du dessin. Peut-être que l'enfant est un peu paresseux ou grandement opportuniste... La symbolique des autres traits mis sur sa feuille nous éclairera grandement pour trouver la bonne réponse. Il peut s'agir simplement d'un enfant qui rêve à quelque chose tout en sachant très bien qu'il ne pourra l'obtenir, il fait «semblant». Ceci peut l'aider grandement à vivre une certaine étape qui fortifie son équilibre et sa stabilité émotive.

## LES ANIMAUX

Si l'attention de l'enfant se porte sur les dessins d'animaux, c'est qu'il cherche à communiquer davantage un besoin. Il peut sentir une certaine difficulté à être compris par les adultes.

Le type d'animal dessiné nous indique la source de ses préoccupations: besoins physiques, émotifs ou intellectuels...

Si sa préférence va vers les dessins de chiens, c'est qu'il adore la compagnie, il apprécie moins la tranquillité. C'est habituellement un enfant qui parle beaucoup et bouge beaucoup. Par contre, les dessins de chats montrent un besoin d'indépendance et de solitude.

Le thème du cheval nous fait savoir que l'enfant est ambitieux; il parle souvent de l'avenir et de ce qu'il fera plus tard. L'oiseau est un thème fréquent chez les enfants, ce qui dénote de la curiosité, de la gaieté, mais aussi le désir de faire plusieurs choses en même temps mais à court terme. L'expression «voler de branche en branche» est significative.

L'eau et les poissons s'associent à une nature paisible, l'enfant s'occupe bien seul ou en groupe. L'expression «heureux comme un poisson dans l'eau» nous le dit bien. Ne lui demandez pas cependant de prendre des décisions ou de donner son opinion, car sa réponse peut se faire attendre.

Votre enfant et ses dessins de monstres! «Quelle horreur!» direz-vous... N'ayez crainte, il désire impressionner et influencer mais lui-même est facile à impressionner et à influencer! Il est vrai qu'il recherche un certain pouvoir, il est dans une phase d'expérimentation... N'oubliez pas l'histoire de *La Belle et la Bête*... Et la Bête se changea en beau «Prince charmant». Il n'est pas mauvais à l'occasion de croire aux contes de fées!

## LE VÉHICULE

L'enfant dessine des bicyclettes, des autobus, des avions, des autos... Le véhicule symbolise l'attitude sociale, c'est-à-dire comment l'enfant se «conduit» avec les autres.

Lorsque l'enfant dessine souvent des voitures, c'est qu'il a l'habitude de suivre les règles établies dans son environnement, il peut brûler un feu rouge à l'occasion mais si peu souvent...

L'autobus nous signale que l'enfant a besoin de faire comme les autres, il fonctionne mieux en groupe, il n'aime pas être isolé.

L'avion est toujours plus haut, plus rapide et au-dessus des autres... Un certain pouvoir de «leadership» lui appartient. L'enfant saisit et agit vite, il peut même trouver que les autres ne se grouillent pas suffisamment. Il est préférable que son groupe d'amis soit composé d'enfants un peu plus vieux que lui, car il a hâte d'être comme eux «plus vieux».

La bicyclette dénote un tempo plus calme. L'enfant préfère aller à son rythme... Arrêter lorsqu'il le désire et repartir lorsqu'il en a envie.

## LE BATEAU

Et vogue le navire! Aller au gré des vagues serait une image représentative de l'état d'esprit de l'enfant qui aime dessiner des bateaux. En fait, il dénote la capacité d'adaptation aux imprévus.

La définition changera selon le type de bateau esquissé: gros ou petit, style transatlantique ou simple radeau. L'eau sur laquelle flotte le navire a également son importance: une eau calme nous informe que pour le moment le destin n'apporte rien de nouveau comme événement, tout se déroule calmement, en douceur. L'interprétation se modifie lorsque de grosses vagues apparaissent, le temps est peut-être à l'orage, un changement d'atmosphère est à prévoir.

L'enfant qui dessine de gros bateaux aime bien contrôler les imprévus, il déteste le changement. Il ne se laisse pas submerger par les vagues. «Je suis le capitaine» est sa devise... Cependant, il ne doit pas oublier que le capitaine est le seul maître à bord «après Dieu».

Le petit voilier ou le radeau suivant la direction du vent nous réfère à l'enfant qui se plie facilement aux situations; on dénote de la sensibilité et de l'intuition chez lui. Par contre, il est moins bien équipé pour les grosses tempêtes; on doit donc rester près de lui et lui laisser savoir qu'on est là et qu'il peut compter sur nous au besoin.

# L'ÉVALUATION EXHAUSTIVE
# DU DESSIN

En ce qui a trait à l'évaluation exhaustive des dessins d'enfants, il est préférable d'obtenir plusieurs dessins répartis sur une certaine période. Un seul dessin ne suffit pas à cerner de façon exacte les forces, les faiblesses ainsi que les besoins de l'enfant.

L'analyse d'un seul dessin peut sembler ne pas révéler de problèmes majeurs chez l'enfant, mais vu de plus près, par le suivi d'un certain nombre de dessins, il nous est plus facile d'être assuré de la pertinence de l'analyse.

Le but de ce suivi pour une certaine période n'est pas de chercher des problèmes à tout prix, mais bien de capter de façon plus exacte les messages que l'enfant véhicule à travers ses dessins.

L'analyse de plusieurs dessins au lieu d'un seul nous permet une synthèse qui se veut plus juste et, par le fait même, plus efficace.

Les dessins d'enfants servent grandement à mieux nous faire connaître le tempérament, le caractère, la personnalité et les besoins des enfants. Ils nous aident à découvrir et à reconnaître les étapes que l'enfant vit.

Pour les adultes, il y a aussi une approche pour l'analyse et l'interprétation de leurs dessins. À la différence des enfants, où il est préférable que le dessin soit libre, sans que le thème soit imposé, chez l'adulte, le dessin est dirigé; des thèmes spécifiques ainsi que des symboles sont demandés. On s'en sert beaucoup pour aider l'adulte à s'orienter vers une nouvelle carrière, faire le point et envisager de nouveaux buts et objectifs. La majorité des gens ne sont pas réfractaires à cette approche. Au contraire, ils sont curieux de découvrir ce qui peut se cacher dans leurs dessins.

Par les gribouillis, nous pouvons être en mesure de voir si l'enfant est dans une phase où il est facile pour lui d'aborder une période d'apprentissage dirigée plutôt que des jeux libres.

Dans le gribouillis de la page suivante, il est important de noter la superposition des traits. Lorsqu'un enfant dessine de cette façon, c'est qu'il fait montre d'une capacité de concentration, son geste est moins éparpillé et, par le fait même, sa pensée aussi. Dans la période présente, il est facile pour lui d'apprendre, puisqu'il est plus réceptif et capable d'une plus grande attention. L'enfant a placé les traits au centre de la feuille, il vit le moment présent sans regarder en arrière, il ne semble pas s'inquiéter du futur. L'accent mis sur la pression démontre de la vivacité et de la volonté. L'enfant est prêt à se servir de l'énergie qui se trouve canalisée à l'intérieur de lui.

Voici un gribouillage qui remplit l'espace par de grands mouvements; le geste est rapide et décidé, ce qui nous informe de la liberté que cette enfant s'accorde. Elle «expérimente» le mouvement. Pour l'instant, il ne sert à rien de lui présenter des jeux qui demandent de la concentration car ils ne lui seraient pas d'un grand intérêt.

La pression mise sur les différents traits varie beaucoup, l'enfant n'est pas constante dans son affirmation présente; pour certaines choses, elle «exige» et pour d'autres, elle ne sait vraiment pas ce qu'elle désire, on sent de l'hésitation.

Il est important que le «tout jeune» enfant découvre les traits qui sont créés par le mouvement de sa propre main, il y a de grandes chances qu'il prenne plaisir à ce nouveau jeu. De l'encourager c'est bien, mais de ne pas l'obliger c'est mieux.

Ne soyez pas surpris si l'enfant, après seulement quelques coups de crayon, délaisse son gribouillis; les premières expériences sont habituellement de courte durée.

N'ayez crainte, il y reviendra avec de plus en plus d'assurance par la suite.

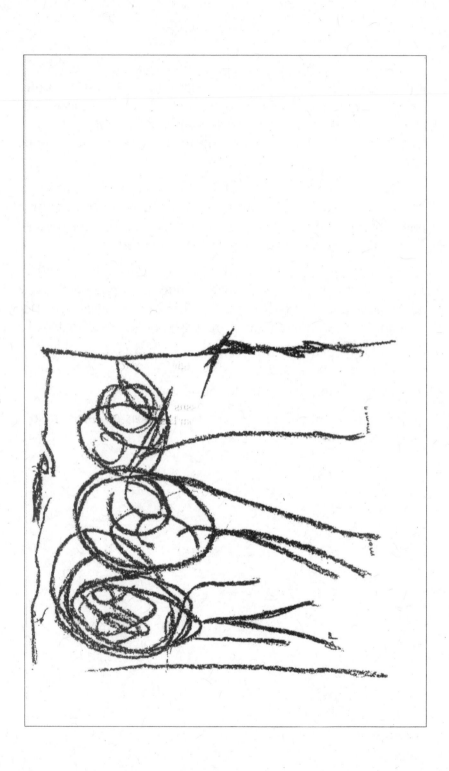

Ce dessin remplit le côté gauche de la feuille; on y retrouve une seule et même teinte, le mauve.

Le dessin dans son ensemble représente l'enfant entouré par ses parents, à gauche son père, à droite sa mère. Les trois personnages sont dessinés de manière presque identique. L'enfant a cependant élaboré un peu plus pour le dessin de son père en lui rajoutant des bras et quelques traits pour la tête. Son père a sûrement sa préférence même si sa mère a beaucoup d'importance.

Les personnages sont encadrés par un trait, l'enfant mentionne qu'ils sont dans leur maison. La pression du trait vertical de droite est l'élément qui doit principalement attirer notre attention.

Le message est suffisamment clair: ne touchez pas à ma famille, je ne veux rien y changer! La couleur mauve nous indique que l'enfant se sent privilégié d'appartenir à cette famille.

Il faut remarquer le trait au-dessus des personnages; on peut distinguer une ouverture qui, par la suite, a été refermée avec une certaine pression. L'enfant sait pertinemment que cette stabilité tant appréciée de sa part ne pourra pas être indéfiniment ce qu'elle est...

Pour l'instant, il serait préférable de maintenir la situation telle quelle. Lorsque l'enfant aura grandi, dans quelques mois, il acceptera un peu plus de liberté pour chacun.

Il semble important présentement pour l'enfant de s'identifier à ses parents, par la suite, il prendra plus d'autonomie.

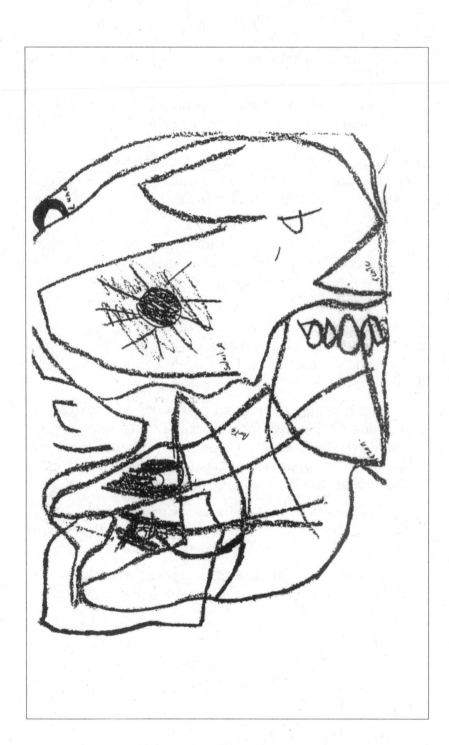

Un labyrinthe qui en son centre possède un soleil rayonnant. Deux petits bonshommes à la recherche du bon chemin.

On pourrait croire que le soleil est l'élément le plus important à analyser dans ce dessin; par contre j'attire votre attention sur le haut de la feuille, complètement à droite: l'enfant a dessiné une lune, elle se trouve à l'extérieur de ce labyrinthe.

L'enfant a mentionné lors de son dessin: «Le soleil va se coucher et la lune sort.»

Le labyrinthe est de couleur mauve, ce qui signifie la paix et l'harmonie; cet état d'âme vient du fait qu'une personne influence favorablement l'enfant. Dans un avenir proche, il passera à une autre étape importante et différente. La logique et le rationnel feront place à l'intuition, à l'imagination et à la créativité.

L'enfant qui a dessiné ce labyrinthe nous fait savoir qu'il est curieux de nature, prêt à découvrir tout ce qui peut sembler même mystérieux.

Son dessin fait foi d'une grande ouverture d'esprit; il a peut-être à l'occasion trouvé difficile de prendre conscience de certaines choses (labyrinthe), mais il semble très motivé (soleil au centre) d'en connaître davantage.

Ce type de dessin se rapproche de beaucoup du symbole relié au mandala.

L'élément central de ce dessin est un arc-en-ciel; en dessous de celui-ci, nous voyons une souris et des ballons qui s'envolent (mentionnés par l'enfant).

La symbolique de l'arc-en-ciel est la «protection»; la petite souris perd ses ballons «mais» ils ne pourront lui échapper longtemps puisque l'arc-en-ciel est là pour limiter leur envol.

L'arc-en-ciel ne vient pas seulement limiter la course des ballons, mais il diminue l'influence des nuages et du soleil.

L'enfant croit que même si certaines choses lui échappent ou même s'il ne peut pas contrôler une situation, il se trouve toujours une personne pour réajuster le contexte selon ses goûts ou ses désirs.

Si cette phase se prolonge, il se peut que l'enfant devienne dépendant des autres et vienne à manquer d'assurance et d'autonomie. Peut-être s'agit-il d'une certaine paresse à laquelle l'enfant s'est habitué, puisqu'on lui apporte ce qu'il désire sans effort de sa part.

Lorsqu'on analyse la symbolique de l'arc-en-ciel, on doit faire montre de prudence. Selon l'importance que l'enfant lui aura accordée, on pourra arriver à la conclusion qu'il recherche une plus grande protection ou qu'il a seulement un besoin normal de sécurité.

Dans le présent dessin, il n'y a aucune équivoque: l'arc-en-ciel est l'élément central; l'enfant désire le maximum de protection dans le but qu'on lui rende la vie plus facile.

Par contre, si un enfant dessine un arc-en-ciel sans faire de celui-ci un «tape à l'œil», la symbolique en sera grandement réduite.

Le soleil orange au centre de la feuille représente l'enfant; elle nous informe qu'elle a besoin de contact social. Lorsqu'il y a des gens autour d'elle, c'est le bonheur!

C'est une enfant active, qui s'intéresse à beaucoup de choses, ce qui peut entraîner une certaine difficulté de concentration. Tout ce qui comporte des éléments de jeux ou de divertissements: elle adore!

Lorsqu'on lui demande de ralentir son rythme et d'être plus attentive, elle ne semble pas intéressée (yeux rouges et mains rouges).

Sa maison est de style «mandala» (voir la rubrique sur le mandala). Elle est composée de plusieurs couleurs ressemblant à un labyrinthe, elle adore tout le monde et veut découvrir «le monde».

Son bonhomme est dessiné à droite de la feuille, on peut donc compter sur elle lorsqu'on a besoin d'aide, «toujours prête» est l'expression qui la définit bien. Pas méchante du tout (corps rose, pieds verts). Rien ne lui échappe (yeux rouges), elle n'a pas la langue dans sa poche (bouche ouverte).

Un nuage bleu avec quelques gouttes de pluie: elle accepte facilement la critique. Par contre, il faut remarquer les croix à gauche: en dessous, il y a aussi quelques gouttes de pluie, elle a fait une croix sur des critiques qu'on lui a faites dans le passé.

On pourrait croire que, lorsqu'on lui fait des remarques, elle les accepte et les comprend (cheveux bleus), mais dans le fond elle finit par faire à sa tête (tête rouge), sans aucune méchanceté ou manipulation. Elle se sent autonome et débrouillarde, c'est tout.

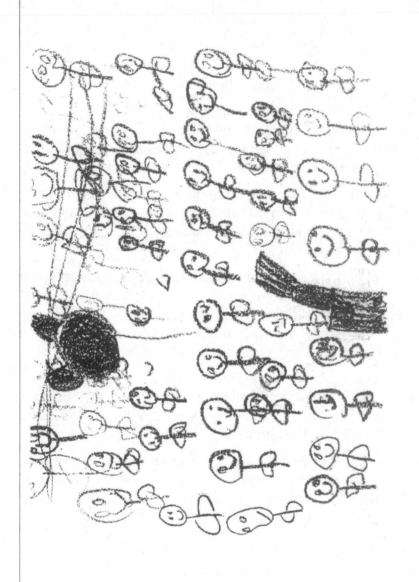

## DESSIN PIÈGE

Voici une feuille bien remplie, constituée d'un thème répétitif: des fleurs de toutes les couleurs.

Quel est le message dans ce dessin? Les fleurs représentent le bonheur, la joie... Par contre, ce thème répétitif peut indiquer: un enfant qui recherche le bonheur et la joie...

Il faut être attentif et ne pas tomber dans le piège. Ce dessin cache de la peine ou de l'insatisfaction; c'est l'analyse de la petite maison située au bas de la page qui nous en informe. Une fumée noire se dégage de la cheminée. Qu'est-ce qui brûle?

L'enfant a dessiné un ballon qui s'envole, il a même fait des oreilles à son ballon. On peut penser qu'il aimerait bien changer de contexte ou que son environnement soit plus léger. Il semble ne pas apprécier ce que les gens disent autour de lui. Il essaie d'avoir «l'air» heureux, mais...

Le dessin à thème répétitif dénote une certaine vulnérabilité et peut même, à certains moments, représenter un peu d'angoisse.

L'enfant qui a dessiné ces fleurs s'accroche avec beaucoup d'espoir à ses rêves... Il essaie du moins de rêver, même si à l'occasion la réalité refait surface (maison).

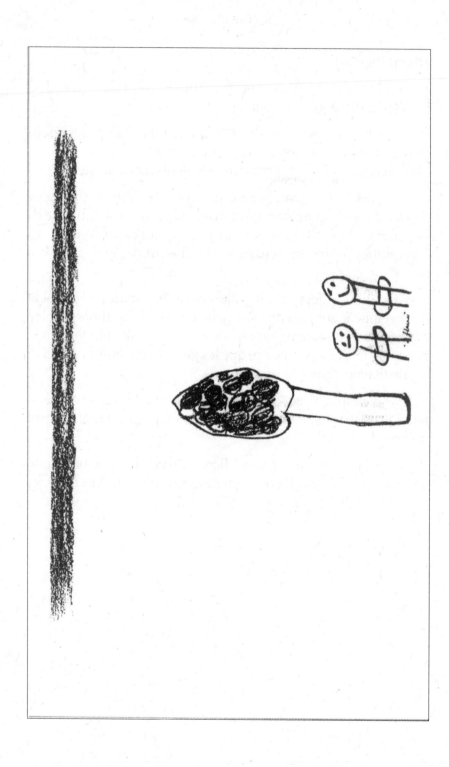

Ce dessin se présente dans sa plus simple expression: un pommier ayant à sa droite deux fleurs (c'est ce que l'enfant mentionne). Dans le haut du dessin, un trait horizontal bleu traverse la feuille.

Le pommier nous indique un enfant imaginatif et créatif. Le fait qu'il soit centré au bas de la page nous informe que, pour l'enfant, le moment présent est important et qu'il entrevoit le futur de manière optimiste (les fleurs placées à droite).

Le ciel représenté par un trait bleu est davantage un élément protecteur. Cet enfant vit au jour le jour, sans trop de tension; il sait bien se protéger, il s'assure que son ciel est toujours bleu et qu'il n'y a pas de place pour des nuages gris.

Même si à l'occasion on retrouve dans certains dessins très peu d'éléments pour une analyse, il est aussi important de prendre le temps qu'il faut pour regarder attentivement chaque trait.

On sent que l'enfant s'est appliqué à faire ce dessin, le geste se veut précis, non lancé sur la feuille; sans être un enfant modèle, on peut s'attendre de sa part à un comportement plus vieux que son âge.

Dans ce dessin, on retrouve une maison orange avec une porte bleu marine, une cheminée avec un filet de fumée rouge et un soleil radieux...

La symbolique des fleurs indique normalement la joie ou la recherche de bonheur; dans ce dessin, par contre, les fleurs représentent des personnes entourant l'enfant. Celle de gauche est plus petite avec des pétales jaunes et noirs ayant dans le centre du jaune, du rouge et du noir, elle est très penchée vers la droite touchant presque à la maison. Cette fleur représente la mère qui garde à l'intérieur d'elle une certaine colère (rouge et noir), elle se retient pour ne pas exprimer son agressivité, elle ne veut pas inquiéter l'enfant (maison à droite).

L'autre fleur à droite est plus grande; du rouge et du vert la composent. Le père a sûrement une approche quelque peu autoritaire (rouge); pour lui c'est tout à fait naturel d'être le maître qui décide de tout.

L'enfant a choisi de s'identifier à la maison, elle penche vers la fleur de gauche comme si elle voulait se rapprocher de celle-ci et s'éloigne de la fleur située à droite.

L'enfant aime la compagnie des gens (maison orange), mais une agressivité fume à l'intérieur d'elle (cheminée et fumée rouge). On sent une vulnérabilité dans le trait qui forme le côté gauche de la maison; l'enfant est touchée émotivement par la situation de sa mère, l'enfant s'identifie à l'agressivité et à l'inquiétude de celle-ci.

Le soleil essaie par ses rayons de réchauffer ce qui se trouve en dessous de lui. (L'enfant désire apporter un peu de chaleur à son environnement.)

C'est une enfant bien entourée : plusieurs soleils nous indiquent non seulement l'influence de la mère et du père, mais aussi d'autres personnes qui sont très favorables au développement de cette petite fille.

Une maison comblée, stable, remplie d'amour «cœur mauve». Des fleurs dans différentes teintes nous annoncent beaucoup de bonheur et de joie. L'enfant est consciente de l'attention qu'on lui porte et elle démontre de la gratitude envers les gens qui l'entourent.

Lorsque son regard se porte vers le passé, tout lui semble beau; lorsqu'il se porte vers le futur, tout lui semble tout autant favorable.

Mais attention! Il y a un symbole important à vérifier : sa maison ne possède pas de poignée de porte. On ne lui a peut-être pas permis de découvrir l'extérieur de son monde immédiat.

Son environnement véhicule une mentalité : «Tout le monde, il est beau, tout le monde est gentil.» Par contre, on peut supposer qu'elle n'a jamais eu de vrai contact social. On l'entoure tellement de gentillesse et de délicatesse... de si bonnes intentions.

Le jour où elle prendra conscience qu'il existe un monde en dehors de sa maison ou de sa cour, elle aura sûrement des surprises...

L'enfant qui a fait ce dessin désire attirer notre attention sur sa maison puisqu'elle est assez imposante comme dimension. Par contre, ce n'est pas cet élément qui est le plus important à analyser, mais l'arbre situé à droite ainsi que le soleil dans le coin gauche de la feuille.

De par sa maison, l'enfant essaie de nous faire voir que son environnement lui apporte une certaine stabilité (maison brune) mais la porte est très petite et sans poignée!

L'enfant va bientôt vivre une nouvelle étape, de nouvelles prises de conscience et une autonomie importante se fera sentir. Ce qui nous amène à une telle interprétation, ce sont: les fenêtres mauves dans le haut de la maison qui signifient une nouvelle manière de penser; par contre la cheminée rouge signale un début de révolte non soupçonnée pour le moment puisqu'il n'y a pas encore de fumée. L'agressivité de l'enfant est encore au niveau inconscient.

Le soleil à gauche est peu visible et sans rayons, donc il n'y a pas beaucoup d'influence venant de lui. Par contre, le cœur déguisé en personnage remplace en partie le soleil. L'enfant nous fait savoir par ce cœur qu'une personne proche de lui, en l'occurrence sa mère, l'aime beaucoup mais par son attitude peut sembler un peu «rationnelle» dans son amour.

Une fleur penche un peu vers la gauche; en son centre il y a du rose, de l'orange et du jaune. L'enfant par le passé était énergique, bon vivant, curieux de nature et son environnement a cru bon de lui donner une certaine discipline (maison brune).

Par le dessin de l'arbre situé à droite, l'enfant nous signale le besoin de réponses à ses questions. Ces questions, il ne les a pas encore posées mais ça viendra très bientôt.

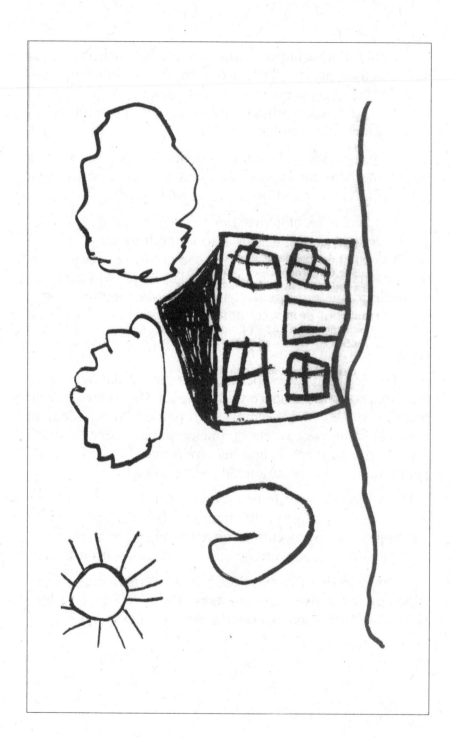

Une maison orange avec un toit vert et plusieurs fenêtres. Deux nuages bleus au-dessus de la maison.

Cette enfant aime bien la compagnie des gens (maison rouge). Elle apprend vite et possède une bonne mémoire (toit vert); c'est une enfant curieuse, ouverte sur l'extérieur (grandes fenêtres). Son entourage est continuellement en mouvement (trait ondulé à la base de la maison). L'enfant est consciente qu'on la surveille et qu'elle peut être réprimandée à l'occasion, mais elle sait aussi que c'est pour son bien (nuages bleus).

La mère a plus d'influence que le père (soleil à gauche). Un gros cœur rose nous informe du besoin constant d'attention et d'affection que l'enfant recherche.

La maison n'a pas été dessinée en bas de la feuille; elle est située dans la zone moyenne. L'enfant est très certainement influencée par tout ce qui est à la «dernière mode». Ce que ses amies peuvent avoir de nouveau, elle ne tarde pas à se le procurer.

Le problème qui peut surgir, c'est que l'enfant ne prenne pas conscience de ses goûts personnels en étant trop centrée sur ce que les autres trouvent «beau» ou «correct».

On retrouve dans ce dessin les thèmes de la maison, de l'arbre, du soleil et du bonhomme.

Nous sommes en présence de deux arbres tout à fait différents l'un de l'autre. Le premier se trouvant à gauche est très touffu, tandis que l'arbre de droite est dépouillé de ses feuilles. D'une part, on retrouve la symbolique de l'arbre en été et de l'autre, la symbolique de l'arbre à la fin de l'automne, au début de l'hiver. L'enfant vit une transition majeure. Il y a peu de temps, elle semblait active, motivée et curieuse (arbre en été). Cependant, l'enfant a changé d'attitude, elle ne désire plus participer, il y a comme un retrait de sa part (arbre en hiver).

Le soleil nous apporte la réponse de ce changement de comportement. Un soleil situé à gauche représente la mère ou l'influence d'une autre présence féminine. Il nous informe que la mère est énergique et ambitieuse, par les rayons qui s'étendent. La mère se veut peut-être un peu trop rayonnante ou exigeante pour son enfant, elle pourrait être de nature «performante» et vouloir la pousser au-delà de ses capacités. L'enfant a été, pour une certaine période, capable de répondre à la demande de sa mère, mais la petite fille s'est rendue au bout de ses limites.

Par contre, ce n'est pas par elle-même que l'enfant en a pris conscience, c'est par les remarques de son entourage. Certaines personnes se sont rendu compte que la mère «voulait beaucoup» pour son enfant. Le dessin des deux petits bonshommes nous les montre en train de discuter ensemble. Un des personnages est de couleur orange, ce qui représente l'aspect social. L'enfant, ayant entendu des remarques venant de plusieurs personnes, a été sensibilisée à ce qui se passait.

L'enfant ne désire pas regarder en arrière, sa vision se porte vers l'avenir, c'est ce que nous indique la poignée de porte placée vers la droite. Elle ne veut rien savoir pour l'instant, impossible de discuter; le trait noir de la toiture confirme très bien cette interprétation. Les fenêtres vertes apportent un vent nouveau, elles épurent ce qui a conditionné l'enfant dans le passé. Elle voit les choses de façon différente.

Une certaine agressivité se fait sentir: la cheminée ainsi que la fumée sont rouges. Après quelque temps, l'enfant aura sûrement fait un trait sur les événements passés, mais sa mère n'aura plus jamais l'influence qu'elle a eue sur sa petite fille. Deux issues sont possibles: ou la mère change d'approche envers sa fille, ou l'enfant gardera une distance face à sa mère; et ce, tant et aussi longtemps qu'il le faudra.

Dans un type de dessin où l'on retrouve une certaine prise de conscience chez l'enfant et surtout un changement d'attitude, il est préférable d'attendre quelque peu avant d'intervenir. On doit accorder du temps à l'enfant pour qu'il puisse se réajuster pleinement. Cette situation qui par le passé a semblé négative peut s'avérer une expérience enrichissante dans le futur.

Le présent dessin nous apporte plusieurs renseignements sur les rapports que la mère et la fille entretiennent entre elles. Mais ce qui nous intéresse davantage, c'est dans quelle mesure et comment l'enfant arrivera à s'affirmer. La mère sera-t-elle prête à prendre en considération les opinions de sa fille?

C'est lors de situations semblables qu'il est fascinant d'avoir recours à l'analyse et à l'interprétation de dessins. L'inconscient nous révèle plein de trésors à travers les dessins, c'est à nous de les découvrir.

Le pouvoir du parent sur l'enfant et la façon de s'en servir transparaît assez facilement; l'enfant nous le fait savoir de façon claire à travers les différents symboles que l'on retrouve dans ses dessins.

Si l'on compare le dessin de la page 82 et celui de la page 90, les deux mères exercent un certain pouvoir sur leurs enfants, mais pas le même type de pouvoir.

Le dessin de la page 82 indique une mère sensible et émotive, tout à fait consciente que son enfant s'identifie à elle. Cette mère essaie de ne pas trop faire sentir à l'enfant ce qu'elle vit à l'intérieur d'elle de peur de l'inquiéter.

Tandis que le dessin de la page 90 indique une mère ayant une attitude tout à fait opposée. Celle-ci se sert de «son» pouvoir, elle impose «sa» volonté pour le «bien» de «son» enfant.

Autant l'une des mères est sensible à l'influence qu'elle exerce sur son enfant, autant l'autre mère contrôle la situation.

Une maison rouge empreinte d'agressivité, n'ayant pas de fenêtre, il est difficile de changer d'air, c'est-à-dire de voir la situation sous un nouveau jour.

Ce qui doit attirer notre attention, c'est la fissure sur le mur de droite; il y a vulnérabilité sur le plan émotif, la maison est endommagée. De plus, les nuages sont rouges, la colère gronde autour de l'enfant.

Qui en est le responsable?

La réponse nous est apportée par le soleil à droite de la feuille. Il représente dans ce cas-ci un père dominateur qui est accroché à «ses» idées, qui sont fixes (voir le point central rouge du soleil). Les rayons du soleil sont noirs, donc il ne dégage pas de bonnes vibrations.

Émotivement, l'enfant est touché car il se représente par un bonhomme minuscule et sans bras. Il se sent petit et incapable d'agir ou de réagir. Cependant, il essaie de garder le sourire. Son petit bonhomme est situé près de la piscine (élément eau) qui nettoie et rafraîchit. Même si la piscine est un endroit pour se rafraîchir, l'eau qui s'y trouve est noire. Ce qui revient à dire que l'enfant essaie de se changer les idées mais la situation reste la même, elle est stagnante.

L'arbre, quant à lui, est le symbole de l'inconscient; l'élément qui peut aider l'enfant est la puissance de son inconscient. L'enfant ne s'identifie pas à l'image du père ni à celle de la mère; il se sent différent, il sait qu'il n'est pas la «cause» de la situation ou le responsable, et tout ça l'aide à maintenir un certain équilibre. Il n'a pas nécessairement pris conscience de son individualité mais elle est fortement présente.

Généralement, le rôle des fleurs est d'apporter de la joie et du réconfort, mais ici ce n'est pas le cas. Même si un événement lui apporte du bon temps, il n'arrive pas à oublier l'agressivité qui l'entoure. On retrouve une fleur jaune (couleur qui représente l'intellect, la curiosité, la connaissance), elle peut être la porte de sortie. Tout ce qui peut nourrir l'intellect de cet enfant est valable. L'école sera sûrement un bon atout ou un bon palliatif.

Il faudrait arriver à couper le contact négatif avec le père (représenté par l'herbe noire), car il n'apporte rien de bon à son enfant et c'est bien malheureux.

L'enfant a dessiné des fleurs au premier plan avant; il aimerait bien que les gens ne se rendent pas trop compte de ce qui se passe dans sa vie, mais il n'y arrive pas ou très peu. Le feuillage de ses arbres est rayé; ses idées sont embrouillées, il ne comprend pas comment tout ça a bien pu commencer.

Les traits du dessin sont très instables; on sent beaucoup de mouvement. Il y a des événements qui changent le cours d'une vie et cet enfant présentement est dans une période où tout s'écroule autour de lui (maison). En attendant, il s'est installé à côté d'un arbre; ce n'est peut-être pas le meilleur endroit, car si la foudre frappe...

L'enfant a quelque peu démissionné face à son père. Avant que l'influence de celui-ci diminue, il faudra attendre long-temps, car le père est dominateur et n'est pas prêt à se retirer. Il désire rester visible pour encore un bon moment (soleil à droite).

L'enfant s'est dessiné avec une grosse tête; cela veut dire qu'il est capable de faire face à la situation et qu'il s'en sortira la tête haute. C'est à espérer!

L'atmosphère familiale a énormément d'influence sur la vie émotive de l'enfant. Comme on peut le constater dans le présent dessin, l'enfant est entouré d'instabilité et d'agressivité.

On peut comparer ce dessin à celui de la page 84, qui est tout à fait son opposé. Cette enfant ne se sent pas isolée, au contraire, elle est même trop entourée. «Tout le monde il est gentil» est l'atmosphère qui règne autour d'elle.

L'un a un environnement peu enviable, tandis que l'autre est traité aux petits soins. L'un aura assez de caractère pour s'en sortir (peut-être un peu écorché) tandis que l'autre aura une certaine difficulté à faire face à la musique aussitôt qu'elle s'éloignera de son contexte familial.

Ce qui est le plus important, c'est la capacité de l'enfant à prendre conscience des éléments bénéfiques ou néfastes qui l'influencent. Plus il y arrivera jeune, plus il vivra son individualité facilement et pleinement.

Dans le présent dessin, il y a plusieurs éléments intéressants à analyser: le thème de la maison, la fumée qui s'en dégage, le bonhomme allumette ainsi que le soleil.

La maison de couleur rouge ainsi que sa poignée de porte tendent légèrement vers la gauche, ce qui nous indique que les émotions de l'enfant sont encore liées au passé. Le rouge représente l'énergie; par contre, dans ce dessin, l'énergie devient plutôt explosive. La fumée qui sort de façon abondante nous confirme cette interprétation. Les bûches brûlent dans le foyer et l'on n'a pas minimisé sur la quantité de bois à brûler.

Toutefois, les fenêtres bleues nous font savoir qu'il est favorable que l'enfant se défoule, il en ressent un certain apaisement: le bleu représentant la paix et l'harmonie.

À remarquer l'escalier qui se veut une invitation à venir vers l'enfant, mais monter un escalier demande un effort. Par ces traits, l'enfant nous avertit que, de prime abord, il ne sera pas facile d'approche, il gardera une certaine distance.

Deux arbres encadrent la maison, celui se trouvant à gauche a un feuillage en hauteur; l'enfant voulait savoir ou comprendre le pourquoi et le comment de la situation.

Celui de droite est plus petit, le trait bleu du feuillage n'est pas complet; il a besoin de faire circuler ses idées, il n'est pas fermé à ce qui se passe.

À mi-chemin entre le soleil et la maison, un oiseau gris est dessiné, il est le symbole du messager. L'enfant capte certains messages en provenance du soleil.

Même si l'on analyse la maison, les arbres ou le bonhomme, le point déterminant de ce dessin est le soleil, se trouvant à gauche en haut de la feuille. Il représente la mère qui «essaie» de dégager une certaine énergie, mais les yeux du soleil sont «vides». L'enfant a très bien perçu que sa mère est une personne instable, ayant de la difficulté à faire des choix, même si elle désire qu'il en soit autrement. La mère envoie des messages qui ne sont pas bien définis à cause de l'oiseau gris.

Le bonhomme allumette est un dessin réduit à sa plus simple expression, il est de couleur bleue: l'enfant ne cherche pas à attirer l'attention sur lui, il a de la tendresse pour sa mère. Il désire que sa mère soit plus authentique. Les pieds du bonhomme sont noirs, il ne sent pas qu'on lui apporte une stabilité, cependant il est capable de s'adapter puisqu'il se déplace en rouli-roulant.

À la base, les troncs des arbres ne sont pas bien définis; il serait facile de les déraciner. Même si l'enfant semble pouvoir s'adapter, il ne fait pas corps et âme avec ce qui l'entoure; son corps est dessiné dans sa plus simple expression.

Un élément manquant est la fumée qui sort de la cheminée. L'enfant a mis beaucoup de pression et d'emphase pour ce thème; une énergie émotive brûle à l'intérieur de lui. Il y a une forte opposition: le bonhomme est dessiné de façon très simplifiée tandis que la fumée est très abondante.

L'enfant veut nous faire croire qu'il s'en sort très bien, qu'il vit le parfait bonheur (rouli-roulant), mais ce n'est pas le cas. Il n'a pas vraiment pris conscience du malaise à l'intérieur de lui, il essaie de le fuir ou il fuit tout simplement sa mère.

L'agressivité sortira un jour et le plus tôt sera le mieux; le nuage est en dents de scie, l'orage s'en vient...

Comme on vient de le voir, dans un même dessin, il faut être sensibilisé aux thèmes que l'enfant a simplifiés et à ceux auxquels il a accordé plus d'importance. S'il y a opposition de traits ou de formes dans un même dessin, le message peut prêter à confusion.

Si l'on jette un coup d'œil sur le dessin de la page 80 pour comparer, on s'aperçoit qu'il est simplifié dans son ensemble; les deux petites fleurs sont dessinées avec un geste assuré et l'autre a une base solide (difficile à déraciner), il ne prend pas une place démesurée. Il y a simplification mais aucune contradiction, tandis que dans ce dessin-ci notre petit garçon semble tout à fait heureux, il a le sourire aux lèvres; par contre, en arrière, la situation se présente sous un jour très différent.

## DESSIN PIÈGE

Dans ce dessin, on retrouve plein de messages contradictoires, c'est ce qu'on appelle un dessin piège. On doit être vigilant au moment de l'interprétation.

L'enfant s'est représentée à gauche, les bras ouverts avec une boucle sur la tête et juste en dessous du soleil. Elle semble de prime abord facile d'approche, mais détrompez-vous, il y a une clôture dans son dessin. En temps et lieu, elle vous fera savoir si vous pouvez vous mêler de «ses affaires». Elle s'identifie fortement à sa mère (soleil). La boucle sur la tête est un élément pour s'embellir, c'est une enfant orgueilleuse de sa personne.

Elle a cependant une certaine tendance à ne pas vouloir vieillir puisqu'elle s'est dessinée à gauche de la feuille, ce qui représente le lien avec le passé.

La maison colorée en mauve contraste avec la toiture rouge. L'enfant se sent et se veut différente des autres enfants. Le toit représente une forme de pensée effervescente (rouge). Mais attention, les idées de cette enfant sont noires (fumée noire). Elle n'arrête pas de jongler.

La petite est très intelligente, mais elle essaie de tout contrôler à son avantage. On lui apporte de la sécurité matérielle et physique, elle ne veut rien perdre de cet environnement, elle «joue» à la gentille petite fille à sa maman. Elle se veut innocente et la majorité des gens qui l'entourent ne se rendent pas compte de ses manigances.

Les fenêtres de sa maison possèdent des rideaux; donc l'enfant peut observer à l'extérieur sans être vue. Les nuages bleus au-dessus de la maison représentent la possiblité de problèmes mais on réussit à voir le bon côté des choses. Ce qui définit l'environnement comme très compréhensif.

Pour ce qui est de la voiture mauve, elle nous indique que l'enfant n'est pas prête à changer son rôle de petite fille à maman. Elle croit fermement que sa conduite est la meilleure pour obtenir tout ce qu'elle veut.

Le soleil a été dessiné avec une forte pression; il semble ardent. La mère possède une forte personnalité, elle a su influencer grandement sa fille, peut-être en flattant un peu trop l'ego de celle-ci. Vous savez le genre «ma petite princesse»... Si l'enfant ne désire pas vieillir (bonhomme à gauche), c'est un peu à cause de sa mère qui, dans son approche, doit souvent mentionner sa «petite» fille adorée... L'enfant par le fait même décode: «Tant que je serai petite ma mère m'aimera!»

La clôture située derrière la petite fille sert de barrière pour qu'il n'y ait personne qui vienne briser l'interaction entre sa mère et elle. Cependant, il est à remarquer que le côté droit de la page a une certaine ouverture, la clôture est située plus loin vers la droite. L'enfant est consciente qu'elle peut être auto-nome et plus indépendante dans un futur immédiat. Elle aime bien faire croire à sa mère, par contre, qu'elle est très attachée à elle, ce qui est vrai, mais peut-être pas autant qu'elle le fait croire.

À travers l'analyse de certains dessins, on découvre le pouvoir qu'exercent les parents sur leur enfant, tandis que dans d'autres dessins, on peut être surpris de constater qu'il y a des enfants qui ont beaucoup de pouvoir de manipulation face à leurs parents. C'est le cas dans le présent dessin.

À la page 72, les deux bonshommes dans le labyrinthe s'influencent mutuellement; il n'y a aucune manipulation venant de l'un d'eux. Il est rare de voir ce type de dessin. Le pouvoir et la manipulation, que les bonshommes représentent de façon anodine ou pas, se rencontrent plus fréquemment dans les dessins: soit que l'enfant tire la couverte de son bord, soit que l'adulte, qui bien souvent est plus bébé que son propre enfant, essaie de contrôler et la situation et son enfant.

Ce dessin est un excellent exemple de mandala; les couleurs envahissent toute la page, mais chacune d'elles prend sa place de façon bien définie.

Le choix des couleurs employées retiendra notre attention comme premier élément d'analyse. Le brun situé à gauche nous fait savoir que l'enfant, par le passé, avait une certaine sécurité et une certaine stabilité; le bleu qui fait suite apporte quant à lui une paix et une certaine harmonie.

En plein centre de la feuille se retrouve un rectangle avec quatre (4) cœurs bleus. Il faut être vigilant car ce rectangle est délimité par un trait noir et cet élément doit être interprété en tout premier lieu. L'enfant par le choix de ce tracé cherche non seulement à protéger un grand bonheur (cœur au centre de la feuille), mais cherche également à réduire les changements pour préserver sa situation présente. Par contre, le trait noir qui donne la forme à ce rectangle dénote une pensée négative vis-à-vis de toute personne qui oserait modifier ce que l'enfant désire protéger.

De plus, il est à remarquer que ce rectangle est placé comme sur un podium; à sa base le mauve fait figure de soutien.

Le mauve par lui-même est une couleur composée par du rouge, élément actif, et par du bleu, élément passif; il y a désir d'agir (rouge) tout en étant patient (bleu). L'enfant est très consciente du bienfait et du bien-être que son environnement semble lui apporter et elle semble prête à sauvegarder son précieux petit univers.

À droite de la feuille, les couleurs sont plus éclatantes; le jaune et l'orange décrivent un peu plus d'ouverture face au monde.

Elle vit deux choses à la fois: le besoin d'un contact social (jaune, orange) qui lui plaît bien et le désir de garder tel quel ce qui va bien avec son environnement immédiat.

Ce dessin est clairement divisé en trois parties; on retrouve la zone supérieure colorée dans une teinte de bleu, la zone centrale en jaune ainsi que la base inférieure en noir.

L'enfant fait vraiment une différence entre ce qu'elle pense (la partie supérieure), ce qu'elle vit socialement (la partie centrale) et ce que l'environnement lui fait vivre sur les plans physique et matériel (la partie inférieure).

La zone supérieure représente sa pensée, le fait qu'elle a coloré cette partie en bleu nous indique qu'elle est en paix, elle ne vit aucune insécurité.

La zone centrale en jaune nous informe que l'enfant a beaucoup de contacts sociaux et qu'elle apprécie les gens autour d'elle. Cependant, il faut accorder une attention très particulière au bonhomme, l'enfant ne lui a pas dessiné de mains; malgré qu'elle aime bien ses parents, elle nous fait savoir qu'ils ne lui donnent pas beaucoup la possibilité d'être autonome (pas de mains). On préfère qu'elle n'ait pas trop d'initiative. Cette attitude venant des parents semble plus avoir comme objectif de protéger l'enfant que toute autre raison.

La partie inférieure du dessin arrive au même niveau que le pantalon et l'enfant n'a pas dessiné de pieds à son bon-homme. Ses parents sont ouverts à bien des sujets, mais ne parlez pas de sexualité, c'est tabou (couleur noire)!

L'enfant peut poser des questions sur presque n'importe quoi mais elle ne doit jamais aborder des sujets comme la nais-sance, la sexualité ou peut-être même la mort. Elle n'a pas dessiné de pieds à son bonhomome (on n'a jamais abordé le sujet de plain-pied...). L'enfant ne semble pas perturbée par ce contexte (zone supérieure bleue, zone moyenne jaune).

On retrouve un arbre de Noël avec des cadeaux à gauche de la feuille. Les parents sont prêts à lui donner plein de choses, on cherche à compenser. On désire détourner l'attention de l'enfant de tout ce qui touche l'aspect physique et ses secrets...

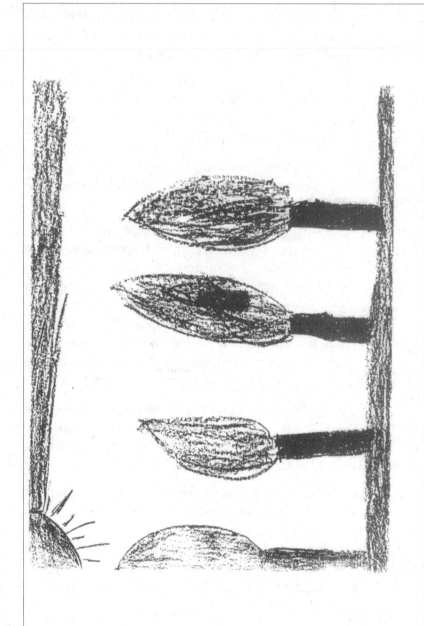

Le thème du présent dessin se veut répétitif (l'arbre). On a mentionné dans un chapitre précédent que la symbolique de l'arbre était reliée à l'inconscient.

Ce dessin comprend trois (3) arbres et «demi», celui de gauche n'étant dessiné qu'en partie. Il nous fait comprendre que le milieu environnant influence l'enfant depuis longtemps en favorisant l'éveil de sa conscience. Il est à remarquer que cet arbre est très haut, touchant presque le soleil. Par ces traits, l'enfant nous indique son désir d'identification à la mère.

La présence de celle-ci se fait de façon périodique, sûrement qu'elle est très active, le soleil étant composé de rayons jaunes et rouges. Un ciel bleu plafonne le haut de la feuille; l'enfant se sent protégé par ses parents.

Par contre, l'analyse doit se porter davantage sur les arbres que l'enfant a dessinés; chacun d'eux possède un feuillage qui pointe vers le ciel! Le désir de grandir, de connaître et de savoir a une grande importance pour cet enfant.

À droite, il y a un espace que l'enfant aurait pu remplir par le dessin d'un autre arbre: il est capable de s'accorder du temps, il ne met pas la charrue avant les bœufs. C'est un enfant ayant un rythme régulier et constant dans ses humeurs.

Plusieurs éléments importants composent ce dessin: un soleil qui se veut «original», un pommier, une fillette qui a les «bras longs», à l'arrière-plan une maison, sans oublier le mignon petit lapin à droite.

Au premier plan une petite fille cueillant une pomme, elle est dessinée dans les teintes de rose et de mauve; l'enfant n'est pas dans une période d'agressivité; au contraire elle est dans un cycle de transformation, elle «mûrit» ou elle vieillit. L'arbre placé à gauche nous parle du passé récent; l'enfant, ayant eu beaucoup d'idées et ayant mis beaucoup d'énergie pour les réaliser, se dit maintenant: «C'est le temps des résultats, je vais pouvoir me régaler!»

Les bras sont démesurés, le message est clair: l'enfant a les bras assez longs pour obtenir ce qu'elle désire, elle est très débrouillarde. Il manque cependant deux éléments: la petite fille n'a pas de cheveux ni de nez; par contre l'enfant s'est donné la peine de dessiner des cils pour les yeux, ce qui lui donne un air de séduction. On peut interpréter cet ensemble de données comme un manque d'intuition ou de réceptivité aux autres, mais l'enfant sait très certainement aborder l'environnement en «faisant de l'œil».

La maison située à l'arrière se trouve au bout d'un long chemin orange qui va en rétrécissant. L'enfant recherche la compagnie des gens énergiques et animés. Le toit est mauve, c'est l'indication d'une intelligence au-dessus de la moyenne. Les fenêtres sont situées beaucoup plus près du toit que de la porte; donc il est plus facile pour l'enfant de regarder à l'extérieur sans vraiment être bien aperçue de l'extérieur.

La cheminée et la fumée sont dans des teintes d'orange; l'enfant vibre plus pour l'instant sur le plan social, tout est équilibré puisque la fumée sort sans difficulté tout en ondulant. Quelques petites fleurs chaque côté de la maison, on veut faire bonne impression...

Le soleil est «spécial»; se trouvant à droite, il représente l'élément masculin. L'enfant préfère pour l'instant la compagnie masculine; par contre son choix va vers ceux qui semblent originaux ou différents. Le soleil porte son regard vers la fillette et semble fier de celle-ci.

Dans la prochaine étape, le petit lapin prendra de la valeur puisqu'il est situé à droite, ce qui représente le futur. Il est assis, il attend sûrement qu'on le remarque. Peut-être désire-t-il se faire flatter et cajoler?

Il faut remarquer que le chemin menant à la maison et celui sur lequel le lapin se trouve ne sont pas reliés entre eux. Un changement d'attitude est indéniable; l'enfant se montrera plus calme même plus docile, elle prendra des airs de grande personne à l'occasion.

Le chemin est cependant quelque peu ondulé; lorsqu'elle aura à demander certaines choses, elle n'ira pas droit au but, elle saura contourner les «petits obstacles».

Le lapin a, comme il se doit, de longues oreilles. Attention! Rien n'échappera à ses fines oreilles.

# LES DESSINS D'ENFANTS
# D'APRÈS LE TEMPÉRAMENT

Au début de ce livre, j'ai abordé le thème touchant la réaction de l'enfant face à ses dessins. Il serait dommage de ne pas ouvrir une parenthèse sur le comportement des enfants dans le but de mieux discerner à quel type ou à quel groupe votre enfant semble se rapprocher le plus.

Chacun réagit différemment lorsque vient le moment de dessiner; certains vont vers un choix de crayons aux couleurs très vives, d'autres accordent davantage d'importance à la dimension de la feuille de papier sur laquelle ils dessinent. Même si, de prime abord, tout semble se faire de manière instinctive, n'oubliez jamais que l'inconscient joue un grand rôle et qu'il prédomine sur le conscient à tout instant!

Il y a quatre groupes de base à distinguer: le sensitif, l'émotif, le rationnel et l'actif, qui sont eux-mêmes subdivisés. En effet, il est plutôt rare qu'un enfant ait les traits correspondant à un seul type. Mais n'ayez crainte, il vous sera facile de vous y retrouver après avoir lu ce qui suit. Chaque enfant a sa façon de dessiner, puisqu'il n'a pas tout à fait les mêmes sentiments ou les mêmes émotions à mettre sur papier. On dit que les yeux sont le miroir de l'âme, alors on pourrait dire que le dessin est le reflet de nos pensées...

Le premier critère de l'approche qui vous est proposée ne représente en rien la recherche de problèmes comportementaux ou psychologiques chez les jeunes enfants. Vous trouverez, en feuilletant les prochaines rubriques, des références sur les besoins et les attentes des enfants d'après leur tempérament et leur caractère, chacun ayant des besoins très différents et pourtant très précis.

La désignation des tempéraments et des caractères n'est pas nouvelle. Malheureusement, l'étude basée sur cette approche a été mise quelque peu de côté au profit de nouveaux essais ou de nouvelles méthodes. Je n'ai rien contre cela du moment qu'on ne relègue pas l'étude des tempéraments aux oubliettes.

## L'ENFANT SENSITIF

Vous avez peut-être dans votre entourage immédiat un enfant qui semble un ange descendu tout droit du ciel... Eh bien, comptez-vous chanceux! Ce type d'enfant ne paraît nullement dérangeant, toujours tranquille dans son coin et occupé à une activité qui demande de la concentration et de la patience. À de rares occasions, il vous posera une question; il sera alors préférable de ne pas trop vous investir dans son monde à lui. N'oubliez pas qu'il ne vous a simplement posé qu'une question.

Cet enfant est un être très sensible, de nature calme et introvertie. Il ne cherche pas la compagnie des autres enfants; il se sent bien lorsqu'il se retrouve seul. Lorsque vous envisagez son avenir, croyant qu'il pourrait avoir de la difficulté à faire sa place au sein de la société, il est préférable de ne pas paniquer trop rapidement. Cet enfant n'est pas asocial à cause de son attitude de repli sur soi, il préfère tout simplement s'activer seul dans son monde à lui. Soyez assuré qu'il ne nie pas ou ne renie pas la société; au contraire, il pense continuellement à ce qu'il pourrait bien faire pour améliorer le sort du monde. Vous constaterez avec le temps que l'enfant sensitif fait toujours des remarques qui nous portent à réfléchir.

L'enfant sensitif possède un côté inventif mais réfléchi. C'est un créateur dans l'âme, il apprécie les gens intelligents qui possèdent une certaine rigueur et une certaine folie tout à la fois. C'est aussi un observateur-né, il vous a à l'œil. Cela n'a rien de surprenant, c'est dans sa nature. D'ailleurs, il est toujours préférable d'établir un lien de confiance avec cet enfant dès son plus jeune âge. Lorsqu'il paraît nerveux ou insatisfait, il devient facilement sarcastique et critique, très direct à certains moments. Il peut surprendre son entourage par son attitude déroutante, lui si calme habituellement...

En raison de sa grande sensibilité, il accumule de l'énergie venant de partout et celle-ci n'est pas toujours positive, ce qui peut lui poser certains problèmes. N'ayez crainte de le laisser à lui-même quelques instants, sans trop le délaisser pour autant. Pendant cette période, il pourra se recentrer sur sa propre énergie, c'est d'une importance majeure pour lui, sinon capital.

Nous devons faire attention pour ne pas confondre l'enfant sensitif avec l'enfant gêné et timide manquant de confiance en lui. Ce genre d'enfant introverti a peut-être vécu certaines expériences qui ont fait de lui un être craintif face à la vie et aux gens et qui s'est replié sur lui-même, en attente d'une présence sécurisante, d'un protecteur ou d'un sauveur. Ce n'est pas le cas du jeune enfant sensible et introverti qui pose un regard confiant en ses capacités tout en étant conscient qu'il ne correspond peut-être pas à la mentalité ou à l'image véhiculée par la grande majorité des gens sur le plan social.

Physiquement, ce n'est pas un enfant très corpulent mais plutôt chétif; ses yeux sont petits mais très brillants. Il est facilement porté à fixer les gens, cherchant ainsi à scruter leur intérieur dans le but de se faire une opinion sur eux. Comme c'est un être sensible, il a une grande facilité à percevoir les autres; son intuition s'avère souvent juste et exacte. Cependant, en raison de son jeune âge, il n'est peut-être pas en mesure d'expliquer le pourquoi de son ressenti mais lorsqu'il grandira, il n'aura aucune difficulté à exprimer ses opinions car il sera capable d'appuyer ses propos avec des arguments très convaincants. Un peu détective dans l'âme, il détecte assez vite les gens manipulateurs ou tout simplement hypocrites. Se faire ami avec ce type d'enfant est très difficile, car il devra vous avoir bien étudié avant de vous faire pleinement confiance.

L'enfant sensitif est orgueilleux de son savoir plus que de sa petite personne ; il s'agit souvent d'un pince-sans-rire, taquin à l'occasion mais jamais mesquin. Comme c'est un individualiste, le cordon ombilical a été vite coupé de sa part, très souvent dès sa naissance. Alors tous ceux qui peuvent avoir une attitude trop maternelle ou trop paternelle à son égard n'auront pas un grand pouvoir sur lui. Il ne demande qu'à être encadré comme il se doit, avec le respect de sa propre autonomie ; il désire être considéré comme un jeune adulte.

En résumé, c'est un sensible à fleur de peau, en apparence froid et distant avec les gens, peu dérangeant mais toujours plein de projets en vue d'améliorer le monde. C'est aussi un existentialiste humaniste se posant constamment des questions et cherchant bien souvent les réponses par lui-même.

## Les dessins de l'enfant sensitif

Les dessins de l'enfant sensitif représentent souvent le monde tel qu'il le perçoit, avec les problèmes qui circulent autour de lui. Le fait de dessiner lui permet d'extérioriser son trop-plein d'émotions restées à l'intérieur de lui. Malgré sa grande sensibilité, son comportement dénote une certaine maturité, il n'est certes pas volubile. Toutefois, sa recherche de vérité et de justice fait de lui un être qui désire rendre les choses les plus simples possible, il est donc normal que l'on trouve dans ses dessins des éléments simplifiés mais clairs dans leurs descriptions.

Lorsqu'il s'installe pour dessiner, l'enfant sensitif préfère s'asseoir là où il y a le moins de bruit possible pour ne pas être déconcentré. Il prend le temps de bien choisir sa feuille et ses crayons. Il essaiera, bien entendu, la gouache un jour ou l'autre mais comme il est de nature soignée et propre, il n'aime pas vraiment ce qui est salissant. Avant de jeter quelques traits sur sa feuille, vous le verrez en période de réflexion, ne cherchant pas à imiter ce que les autres enfants auront déjà commencé à dessiner depuis un bon moment. Vous ne devez pas perdre de vue que c'est un individualiste: sa façon de fonctionner n'a aucun rapport avec son entourage, il va à son propre rythme et... tant pis pour les autres!

Son geste est lent mais précis; souvent la main qui ne dessine pas sera placée au-dessus de la feuille l'entourant ainsi de son bras. C'est comme s'il ne voulait pas que quelqu'un vienne jeter le moindre regard furtif sur sa présente activité. Ce n'est pas qu'il manque d'assurance, mais tout simplement il nous indique qu'il ne veut pas être dérangé dans ce moment de créativité. Le choix de ses crayons ira vers les pointes fines, bien aiguisées, pour que ses traits ne soient pas gras. Chacun des thèmes dessinés sera épuré, sans fioritures, car il essaie d'être le plus précis possible. Il peut arriver à l'occasion qu'il dessine avec abondance de noir; dans ce cas, cela est très révélateur chez lui. Le noir représente l'inconscient et l'une des premières préoccupations de ce type d'enfant est de chercher constamment à connaître... et non à contrôler les situations et les gens. Il nous exprime ainsi tout simplement qu'il ne comprend pas tout à fait ce qui se passe, qu'il ne sait pas non plus ce qu'il adviendra dans le futur. Il ne panique pas pour autant; il semble faire confiance à son destin même s'il se retrouve devant l'inconnu.

En ce qui a trait au choix de la grandeur de la feuille, l'enfant sensitif n'est pas porté vers de grands formats. Comme ses mouvements ne sont pas amples, il ne remplit pas la surface de la feuille outre mesure. S'il n'a pas la possibilité de choisir ses crayons ou sa feuille de papier, il n'en fera pas un drame, il s'accommode de bien peu de choses.

Certains enfants aiment que l'on expose leurs chefs-d'œuvre sur un mur à la vue de tout un chacun, mais l'enfant sensitif et introverti n'apprécie guère cela. Son dessin reste et demeure un secret bien gardé qui mérite d'être divulgué seulement aux personnes qui lui sont précieuses. Il appréciera leurs commentaires ou leurs questions qui démontrent ainsi leurs intérêts. Le thème le plus souvent dessiné par l'enfant sensitif sera tout simplement des personnages représentant les gens de sa famille ou de son entourage.

Viendra un moment où vous le verrez s'installer pour dessiner des mandalas, l'enfant nous faisant alors comprendre qu'une nouvelle énergie circule à l'intérieur de lui et qui apporte ainsi un équilibre et une certaine solidité pour le futur. L'enfant qui cherche de manière continue son chemin dans le labyrinthe social sera davantage porté à dessiner des mandalas. Ce type de dessin lui servira de guide personnel, puisqu'il est la projection de son inconscient. Il pourra ainsi trouver la voie qui lui est proposée mais non imposée.

Lorsque nous nous intéressons aux dessins d'un enfant sensitif, il est préférable de rester attentifs à la simplicité et à la sobriété qui nous sont offertes. En effet, l'enfant cherche à nous faciliter la tâche en vue d'une interprétation plus précise par des formes habituellement épurées ou dénudées. Mais cela ne veut pas dire pour autant que la situation n'est pas complexe. Ce type d'enfant essaie tout simplement de nous emmener directement au centre du problème. Il est fort surprenant et intéressant de découvrir tout ce que peut divulguer cette grande sensibilité qui se trouve en lui. Il est primordial de savoir respecter le besoin de solitude de ce petit bout de chou, car il doit être en mesure de vivre dans son monde imaginaire afin d'en ressortir avec des éléments artistiques qui sauront éblouir et ravir la galerie.

## L'ENFANT ACTIF

L'enfant actif a une grande facilité à s'exprimer pour tout et pour rien. On pourra remarquer de manière assez évidente son petit côté «verbo-moteur». Cependant, sa capacité de concentration étant minime, il est normal qu'il soit porté à sauter du coq à l'âne dans les conversations. Il semble avoir des intérêts diversifiés, mais il arrive fréquemment qu'il s'investisse de manière quelque peu superficielle. Comme il semble de nature très sociable, il recherche constamment la compagnie des autres enfants. Il aime bien être le point de mire et être admiré des autres afin d'obtenir un certain pouvoir sur eux.

Ce qui peut être dérangeant, c'est que ce genre d'enfant possède une forte estime de lui-même, n'ayant aucune peur de défier l'autorité et pouvant même être arrogant dans certaines circonstances. L'enfant actif, de nature extravertie, voudrait bien être considéré davantage par les adultes, mais son côté impulsif et, souvent, impatient fait de lui un éternel gamin même si son plus grand rêve est de grandir vite... même très vite! Malheureusement pour lui, il doit respecter les étapes de l'enfance et les règles s'y rattachant, ce qui a pour effet de le frustrer au plus haut point. Faire comme papa ou maman est bien ancré dans sa petite tête, c'est pourquoi il aura très tôt et très jeune des idoles auxquelles il s'efforcera de ressembler.

Physiquement c'est un gaillard; sa constitution est solide, son corps est plutôt athlétique, ce qui le rend agile et pratiquement jamais malade. D'ailleurs, on se demande où il peut bien puiser toute cette énergie! Ses cheveux sont abondants, ses traits marqués semblent ouverts sur le monde extérieur, comme prêts à croquer la vie à pleines dents, et son teint est légèrement basané. Il semble faire partie de toutes les nations; difficile de dire d'où viennent ses ancêtres... probablement des nomades voyageant dans le monde sans chercher à s'établir à long terme. Viking à ses heures, bohémien à d'autres, ou tout simplement un super-héros de bandes dessinées, ce qui conviendrait davantage à ce petit être actif, beaucoup plus physique qu'intellectuel.

Il se sent fortement attiré par le plein-air, puisqu'il se sent ainsi beaucoup plus libre d'aller là où bon lui semble. Car demeurer à l'intérieur de la maison, cela ressemble pour lui à la prison, à moins que vous ne lui permettiez de laisser libre cours à son imagination, c'est-à-dire sans compromis, mais alors là attention aux dégâts!

L'enfant actif est aussi sensible, mais sa sensibilité est reliée aux apparences telles que la beauté, le prestige et, surtout, le pouvoir. Ce casse-cou est toujours prêt à provoquer l'entourage; il a besoin constamment de sentir la vie et le mouvement autour de lui. Cependant, il cherche à contrôler son environnement, ce qui n'est pas toujours facile ni agréable pour les autres qui subissent cet enfant qui s'impose de gré ou de force. Lorsqu'il est temps de s'asseoir pour parler sérieusement avec lui, ne soyez pas surpris s'il fait le pitre. Il essaie tout simplement de vous faire rire dans le but de faire diversion parce qu'il n'accepte d'aucune manière qu'on lui fasse la morale.

Lorsqu'un enfant actif fonctionne au ralenti et qu'il semble avoir un problème, il est préférable de l'aider à changer le mal de place. Comme ce n'est pas un être de réflexion, il n'arrivera pas à parler du vrai problème puisqu'il n'en connaît pas vraiment la source. Ce qui peut l'aider, c'est de l'emmener dans des endroits où il y a de grands déploiements avec des compétitions. Ainsi, le fait de se retrouver dans une foule lui permettra de dégager le malaise logé à l'intérieur de lui; tant qu'il peut se défouler, tout est pour le mieux. Sinon, ne comptez pas sur lui pour venir pleurer sur votre épaule, ce n'est pas du tout son genre...

Ce qui caractérise l'enfant actif, c'est son sens de la controverse. Son côté vedette prend souvent le dessus, il fera n'importe quoi pour attirer l'attention: parlez-en bien, parlez-en mal, mais parlez-en! C'est lui tout craché... Il sera le premier à vouloir porter les nouveaux vêtements à la dernière mode et il saura les adapter à sa personnalité. Il a une façon bien à lui d'exagérer ou d'embellir des situations qui sont, à première vue, tout à fait banales, c'est une manière de se sentir important. Mais ne blessez pas son orgueil, il vous fera payer cher l'offense que vous lui aurez faite surtout s'il se trouve d'autres enfants ou d'autres adultes en votre présence...

## Les dessins de l'enfant actif

Pour lui, le moment accordé au dessin n'a pas vraiment grande importance, à moins qu'on ne lui propose le grand tableau noir accroché au mur. Alors tous pourront suivre le tracé de son dessin qu'il exécutera sous leurs yeux, l'important étant qu'il prenne le devant de la scène. Lorsqu'il doit s'installer à une table comme tous les autres enfants, il aura la bougeotte et ne s'assoira pas sur la chaise qu'on lui aura proposée; il préférera rester debout, en se dandinant un peu pour jeter un coup d'œil sur les dessins des autres enfants et n'ayant aucune gêne à faire des remarques sur leurs chefs-d'œuvre afin de les déstabiliser. S'il prend le temps de s'asseoir, alors vous le verrez s'installer juste sur le bout de sa chaise, un pied placé en avant de l'autre comme s'il était déjà prêt à partir pour une autre activité. Il est préférable que l'instant accordé au dessin soit de courte durée, sinon il démontrera de l'impatience.

Ses couleurs préférées vont vers des teintes vives telles que le rouge et l'orange. Ses mouvements sont rapides et rigides, rien en douceur. Il se jette sur la feuille, produit des traits en rafale, pour ensuite faire une courte pause et revenir encore tracer d'autres traits tout aussi intensément. L'enfant actif aime bien expérimenter les nouveaux médiums que ce soit la peinture à doigts, la pâte à modeler ou autres. Ses dessins représentent assez fréquemment des véhicules tels que des autos de course, des avions à réaction, des fusées spatiales. Il remplira au grand complet l'espace de la feuille en exagérant les formes et en appuyant sur les traits et il ne ressent aucune gêne à s'éloigner d'une certaine réalité, puisqu'il est fondamentalement un être futuriste.

Il prendra le temps de vous expliquer en détail ce qui se trouve sur la feuille élaborant sans fin chacun des thèmes qui s'y trouvent. Comme il possède une imagination fertile, il vous entraînera facilement dans son monde fantastique. Très orgueilleux de ses performances, il aura de la difficulté à assumer certaines remarques teintées d'un semblant de critique. Vous pourriez être porté à craindre que ce genre d'enfant fuit la réalité en niant ses faiblesses ou ses manques. À la différence de l'enfant sensitif, il ne prend pas grand temps pour les périodes de réflexion, il est plutôt prompt à réagir même qu'il préfère lui-même provoquer les événements.

## L'ENFANT RATIONNEL

L'enfant rationnel possède une intelligence vive et perspicace, saisissant précisément les événements et les situations se présentant à lui. Curieux de nature, il veut savoir et connaître en détail tout ce qui se passe. Possédant un bon sens critique, il vous fait part de ses commentaires qui semblent tout à fait justes et pertinents. Même petit, il sera porté à conseiller son entourage; c'est qu'il est très astucieux et débrouillard, et trouve des solutions à tous les problèmes. Il est à l'écoute des autres et aide tout un chacun malgré son jeune âge. Il fait preuve d'initiative; il est toujours le premier à vouloir aider sans toutefois chercher à s'imposer. Cet enfant est d'agréable compagnie et s'intéressant à tout, surtout ce qui entoure le monde des adultes. Son comportement peut ressembler à un détective miniature ou à un gardien de sécurité.

Physiquement, il est grand, avec de larges épaules. Son attitude semble calme et réservée, en plein contrôle de la situation. Malgré cette assurance, l'enfant rationnel est un éternel anxieux, ce qui est causé principalement par son côté exigeant envers lui-même. Très perfectionniste, il a beaucoup de difficulté à accepter ses erreurs, comme s'il devait être en mesure de tout faire parfaitement dès la première fois. Un des principaux besoins de l'enfant rationnel est de comprendre, alors il vous posera constamment des questions. Son but n'est pas d'attirer l'attention, mais de connaître les vraies réponses. Alors n'essayez pas de vous esquiver, il reviendra à la charge.

Se situant entre l'enfant sensitif et l'enfant actif, le rationnel n'est ni un individualiste ni un indépendant, et il ne cherche pas *a priori* à obtenir le plein pouvoir sur les autres. Il prend le temps d'évaluer ce qui se passe avant de prendre position. Lorsqu'il écoute des émissions télévisées, ses choix se portent vers des reportages plutôt que des émissions de divertissement pour enfant. Il aime bien fréquenter la bibliothèque où il peut se documenter à son goût. Bien que le respect des autres soit important pour lui, il a une certaine difficulté à être en contact avec des enfants manipulateurs et capricieux. En leur compagnie, il devient vite intolérant; il ne comprend pas comment des adultes peuvent admettre l'attitude de certains enfants rois et maîtres de leur environnement.

Cet enfant rationnel se perçoit déjà semblable à un adulte; il n'aime pas lorsqu'on le traite comme un enfant, encore moins comme un bébé. Il est davantage porté vers des jeux éducatifs ou tout ce qui peut lui apporter une plus vaste connaissance. Il admire les découvreurs, les archéologues... Ce type d'enfant prend tout au sérieux et tout à cœur, alors il est important de lui faire voir ou comprendre que la vie n'est pas toujours aussi sérieuse et exigeante qu'il semble le croire, car il a une certaine difficulté à se permettre des moments pour relaxer ou pour décompresser. Pour lui, pense-t-il, ce serait du temps perdu. Lorsqu'on se trouve en sa compagnie, on doit constamment s'activer à faire maintes choses. Il est exigeant non seulement pour lui-même, mais aussi pour les autres sans être pour autant ou nécessairement compétitif comme l'enfant actif. Il aime arriver à ses fins en démontrant ainsi son intelligence et son efficacité.

Comme il est de nature plus intellectuelle que physique, il apprécie la lecture, la musique et le dessin. Il préfère davantage la compagnie des adultes plutôt que celle des enfants de son âge. Il est tant extraverti qu'introverti. Il arrive, à l'occasion, qu'il recherche les moments de solitude pour ainsi refaire son plein d'énergie; alors vous le verrez ouvrir un livre pour se documenter sur un oiseau rare. Lorsque viendra le temps de vivre son côté extraverti, il n'aura aucune difficulté à s'insérer dans les groupes d'enfants pour jouer avec eux. On peut donc facilement décrire cet enfant rationnel comme cyclique ou périodique, extraverti ou introverti, selon la situation du moment, cherchant constamment à s'améliorer, exigeant et critique envers lui-même.

L'enfant rationnel n'aura aucune difficulté à vous faire voir ou savoir qu'il a un problème, car il sort de ses gonds, manifestant ainsi son désarroi et son insatisfaction. Une façon adéquate de lui venir en aide consiste à s'asseoir avec lui afin de trouver les bons outils pour régler le problème. Agir ainsi envers lui correspond à ses attentes; c'est un cartésien, ne l'oubliez pas, il préfère la raison à l'émotion. Même s'il semble faire un drame de son problème, il se calmera très vite si vous faites appel à la logique. En faisant le tour de la situation avec lui, il appréciera que vous lui accordiez du temps afin de l'aider à reprendre la situation en main. Il désire connaître la vérité, il sait faire face à la réalité; vous deviendrez ainsi son allié sachant qu'il peut vous faire confiance. Vous deviendrez une personne-ressource pour lui, surtout s'il sait que vous êtes juste et honnête.

## Les dessins de l'enfant rationnel

Lorsque l'enfant rationnel s'installe pour dessiner, dites-vous qu'il est assis devant sa feuille pour un long moment, prenant le temps de bien placer les crayons de couleur ainsi que sa feuille de papier et une gomme à effacer au cas où... C'est le genre d'enfant qui s'applique de manière très concentrée à reproduire avec le plus d'exactitude possible ce qui lui vient en tête. Il cherche la bonne couleur sans être dans les demi-teintes ou les «à peu près». Il demande l'avis de l'adulte pour vérifier si les proportions et les formes de son dessin correspondent à la réalité. Loin de lui l'idée d'innover; pour l'instant, il cherche à vérifier tout simplement s'il a bien saisi le monde autour de lui. Ne soyez pas surpris de retrouver des esquisses dans la corbeille à papier car pour lui, ce n'était que des brouillons. Il essaiera différentes approches avant de choisir celle lui correspondant le mieux et il n'éprouvera aucune gêne à recommencer les formes exactes tant recherchées.

Comme son style est très technique, vous devez comprendre qu'il expérimente davantage qu'il ne s'exprime. Ses dessins se présentent fréquemment sous forme de plan, comme s'ils étaient vus à vol d'oiseau. Lorsqu'il dessine, il sera porté à prendre un simple crayon à mine, ce qui lui permet d'effacer les traits qui ne s'avèrent pas conformes à ses attentes. Si un adulte fait un commentaire sur l'un de ses dessins, l'enfant rationnel n'en sera pas offusqué, il lui demandera de l'aider à modifier pour le mieux son dessin. Il aime l'exactitude, la précision et, surtout, les détails. Il peut mettre son dessin de côté pour prendre un temps d'arrêt s'il se sent un peu fatigué mais comme il est minutieux, il reviendra bien vite le terminer peu de temps après.

Il ne cherche pas à exposer ses dessins à la vue de tous; son petit côté collectionneur fait en sorte qu'il préfère les garder pour ensuite les comparer avec ses précédents chefs-d'œuvre. Ainsi, il sera en mesure d'évaluer la qualité de l'évolution de son travail... Car ne vous y méprenez pas! Ce qu'il vient d'exécuter relève du domaine du travail et non du loisir! On pourrait dire qu'il est fier plutôt qu'orgueilleux. Alors comme il prend tout au sérieux et qu'il fait plus que de son mieux, il est tout à fait normal qu'il ait besoin qu'on reconnaisse son mérite!

## L'ENFANT ÉMOTIF

Les besoins de l'enfant émotif vont vers la famille; tout ce qui est relié de près ou de loin aux gens qui sont près de lui le rejoint dans son essence première. Il a une grande difficulté à demeurer seul même si ce n'est que pour un court instant, car il est facilement inquiet et manque de confiance en lui. On comprend donc sa sollicitation constante auprès de son entourage immédiat. Ce type d'enfant a besoin de sentir l'harmonie et la stabilité autour de lui, car le moindre changement ou modification vient facilement le perturber. À l'opposé de l'enfant actif, l'enfant émotif ne réclame pas son indépendance ou sa liberté; au contraire, il recherche le calme, la constance, le déjà vu et connu.

L'enfant émotif est principalement un grand rêveur qui ne désire pas être réveillé. Malheureusement, cet être passif déploie peu d'énergie ou bien peu d'effort pour réaliser un tant soit peu ses rêves. Il adore parler, mais son émotivité fait qu'il a vite la larme à l'œil lorsqu'on le contredit. Il est facilement marabout et, surtout, pleurnicheur. Il aura toujours besoin de quelqu'un d'autre pour prendre sa défense ou pour appuyer ses dires.

Il aime bien qu'on le traite comme un enfant, même parfois comme un bébé. Il peut ainsi se faire dorloter et chouchouter. Il collectionne ses vieux toutous et ses vieux doudous gardant ainsi un lien avec son enfance. De nature un peu gourmande, il adore l'heure des repas et il peut facilement accumuler quelques kilos en trop. Vous aurez deviné que l'enfant émotif est un peu rondelet. Si vous essayez de le faire sortir de la maison pour qu'il puisse prendre l'air en vue de faire un peu d'exercice, il se contentera d'ouvrir la fenêtre et de prendre une bouffée d'air frais; c'est probablement le seul exercice de la journée qu'il aura fait...

Ne vous surprenez pas s'il est constamment sur vos talons en vous répétant sans cesse qu'il ne sait pas quoi faire et qu'il s'ennuie. Tout ce qu'il veut, c'est que vous lui soyez disponible, que vous lui parliez, que vous lui racontiez votre enfance, bref, tout cela lui fera grandement plaisir.

Cet enfant doit être pris en douceur sans être brusqué ou bousculé. C'est dommage qu'il ne démontre pas d'initiative ou d'enthousiasme mais pour lui, sa famille est son paradis, et point de salut en dehors de celle-ci. Il aime rire de ce qui est loufoque. Il adore les cirques, surtout les clowns et les animaux savants. Il ne se fatigue pas de la répétition, il est capable de rire à gorge déployée pour une blague que vous lui aurez racontée plusieurs fois.

L'enfant émotif a besoin pour être fonctionnel d'un environnement douillet et confortable, sans être nécessairement luxueux. Mais il est primordial qu'il ait une famille qui se serre les coudes et qui soit prête à défendre son château fort. Il ne s'éloignera jamais très loin, gardant un lien étroit avec sa cour. L'enfant émotif peut, à certains moments, sembler mal dans sa peau. Il est de nature très sensible et un rien le chagrine. S'il a un problème, tout ce que vous pouvez faire pour l'aider sera d'être très présent et très disponible à ses états d'âme, lui préparant ses petits plats préférés; sortir avec lui ne serait pas la solution idéale, car ce qu'il préfère dans ces moments-là, c'est de devenir le centre de votre univers. Il a besoin de sentir que le cordon ombilical n'est pas coupé, qu'il possède toujours ce lien privilégié avec sa mère et son environnement familial. Alors pour l'aider, il est préférable de passer quelque temps en sa compagnie, de partager des moments d'intimité où vous pourrez le chouchouter et le dorloter; ainsi, ses problèmes et ses malheurs disparaîtront comme par enchantement. En somme, il a besoin qu'on lui dise et qu'on lui redise qu'on l'aime!

Il vous arrivera sûrement d'être décontenancé de son manque d'orgueil; ce n'est pas le genre d'enfant à perdre son temps à s'admirer dans le miroir pour vérifier sa chevelure ou l'état de ses vêtements. Il attend tout simplement que la bonne fée change son apparence avec un coup de sa baguette magique! Il pourrait porter le même chandail pendant plusieurs jours de suite tout en restant décoiffé, et il se sentirait comme au paradis. Vous aurez beau lui répéter d'être un peu plus coquet, mais vous vous rendrez vite compte que rien n'y fait! C'est un grand rêveur, mais son imagination relève du domaine passif. Il sera continuellement en attente du père Noël et de la fée des étoiles, bien entendu!

## Les dessins de l'enfant émotif

L'enfant émotif aime bien dessiner, mais il sera porté à dessiner des thèmes de façon répétitive, c'est-à-dire qu'il reviendra constamment au merveilleux monde des petits lapins roses, des belles fleurs et, bien entendu, de la belle princesse... Dans ses dessins, les traits auront des formes arrondies et volumineuses. Les couleurs iront plutôt vers les bleus et les roses. Lorsqu'il s'installe pour dessiner, il désire être tout près de l'adulte, cherchant son regard approbateur. Pour chacun des traits, il lui demandera: «Est-ce que c'est beau?» Il devient parfois ardu de lui démontrer constamment de l'encouragement.

Pendant la période accordée aux dessins, il serait préférable d'être près de lui afin de le motiver quelque peu, sinon il pourrait être porté à mettre son crayon et sa feuille de dessin de côté. Lorsque vient le temps de jeter un regard sur ses dessins en vue d'une certaine analyse ou interprétation, on y trouve fréquemment le même genre de message: besoin d'attention, besoin d'être entouré de personnes qui seront disponibles et disposées à prendre soin de lui. Il sait se montrer si mignon qu'on ne peut pas lui résister. Ne soyez pas surpris si, dans ses dessins, il représente sa famille et que vous n'y voyez que du beau et du bon: rien ne pourra venir ternir ou changer l'image que l'enfant émotif se fait de son milieu familial. Il sera de ceux qui se ferment les yeux, niant tout ce qui peut paraître un peu discordant. Aucun soupçon ne doit planer sur sa famille et aucune allusion ne doit être faite à son sujet. À ses yeux, chacun des membres qui composent sa famille est invincible et intouchable; en fait, ils sont tous parfaits...

Cependant, un œil vigilant et averti pourra déceler ce petit trait caché dans les dessins de l'enfant émotif qui nous fera savoir que les gens qui l'entourent ont peut-être eux aussi des problèmes ayant une vie où ils doivent composer avec les hauts et les bas sans pour autant paraître des êtres qui ne sont pas constamment à la hauteur de la situation. Il adore la peinture à doigts; toucher directement le papier est une sensation agréable pour lui. Lorsqu'il prend un crayon pour dessiner, son choix se portera vers le crayon de cire car celui-ci apporte un petit côté «pâteux» à son dessin; le trait est alors plus large et s'étend sur la feuille, un peu à l'image de l'enfant qui aime bien se blottir confortablement au creux d'un fauteuil bien moelleux.

Il est rare qu'un enfant soit uniquement rationnel ou émotif. Si c'est le cas, cet enfant ayant une forte prédominance se démarquera facilement du groupe, accentuant non seulement ses qualités, mais aussi ses manques ou ses défauts. Le fait d'avoir l'influence de deux types de base aide l'enfant à trouver un meilleur équilibre, puisqu'il est capable de jouer sur une plus large gamme de traits de caractère lui correspondant. C'est ce que je vous propose de découvrir maintenant.

Le but de ces descriptions est de vous aider à saisir plus précisément les besoins de l'enfant afin que vous puissiez par la suite faire une différence entre les vrais besoins de celui-ci et ses petits caprices, les attentes de chacun étant fort différentes. Connaître les différents types devient donc un outil important, puisque le jeune enfant n'a pas la capacité de s'auto-évaluer. En effet, il ne sait pas exactement à quoi correspondent ses réactions puisqu'il se trouve dans une période de constant apprentissage. Un des rôles des parents consiste à diriger l'enfant vers la connaissance de son être avec tout ce que cela implique: la recherche de son authenticité et de ses propres valeurs.

Plus nous avons d'outils, plus nous sommes en mesure de comprendre les besoins de l'enfant; c'est un atout majeur que d'être à la porte de l'univers de ce petit être. D'abord, le fait d'avoir des références qui expliquent les différentes réactions correspondant à chacun des tempéraments nous sécurise tout en nous suggérant de développer davantage notre sens d'observation. Que ce soit le langage du corps, l'étude de la morphologie et ses caractéristiques ou le choix d'un mot employé plutôt qu'un autre, tout cela regorge d'une symbolique parfois bien surprenante!

Toutes ces approches renferment des informations qu'on ne devrait pas mettre au rancart. Pourquoi ne pas renouer avec ces connaissances qui apportent une nouvelle dimension, et peut-être même une certaine ouverture de conscience!

## L'ENFANT SENSITIF-RATIONNEL

Vous avez sous vos yeux un enfant des plus réfléchis qui, cependant, ne s'exprime pas beaucoup. De l'extérieur, il semble quelque peu rébarbatif, sa nature faisant de lui un être méfiant. Sa confiance ira vers ses parents, seulement s'il croit que ceux-ci sont à la hauteur... Et pour que leur enfant soit en admiration devant eux, ils devront être exceptionnels. L'enfant sensitif-rationnel a un sens critique très développé et est très pointilleux. Il est parfois contraignant d'être en sa compagnie mais lorsqu'il s'investit dans quelque chose, il y met toute son âme.

Le grand avantage que cet enfant possède comparativement aux autres, c'est qu'il est un être inspiré, comme s'il était allumé par une pensée très différente de notre époque, comme hors du temps, une pensée dite magique! Malheureusement pour lui, le sensitif-rationnel vit à une époque qui ne lui correspond pas; il est en avant de son temps ayant la tête pleine d'inventions que les hommes seront peut-être en mesure d'apprécier dans un futur très éloigné. Cet enfant peut tout aussi bien refuser tout ce qui a trait à l'ère moderne, trouvant ridicule le téléphone cellulaire ou le four à micro-ondes et préférant la réclusion et la réflexion.

Son retrait face à la société fait de lui un genre d'exclu, mais il ne semble pas s'en plaindre pour autant, peut-être même le cherche-t-il un peu. Cet enfant sensitif-rationnel fera son chemin seul dans la vie sans compter sur personne. Lorsqu'il découvrira son domaine, il deviendra un spécialiste... très spécialisé et rien d'autre ne comptera pour lui, c'est un exclusif.

Il respectera assez facilement son propre rythme, ne se laissant rien imposer par qui que ce soit, décidant ce qui lui convient le mieux, dégageant une certaine assurance qui ne se prête pas à beaucoup de compromis! Comme il se tient plutôt loin du brouhaha, il n'a pas trop de difficulté à faire à sa guise. Même s'il ne semble pas tellement intéressé par le monde extérieur, il est assez bien renseigné et peut se faire sa propre opinion. Il s'avère toutefois de nature assez sévère à l'endroit des gens, en les trouvant paresseux ou irresponsables. Il perçoit les moindres détails, que ceux-ci soient favorables ou non.

## Les dessins de l'enfant sensitif-rationnel

Cet enfant ne dessinera pas de personnages ou très peu, ce n'est pas ce qui l'intéresse principalement. Vous verrez plutôt apparaître sur sa feuille de dessin: des cavernes, des tunnels, des océans ou des nuages... Il voit et perçoit une dimension qui nous est souvent inconnue, le monde des cavernes ou des tunnels correspondant à l'inconscient collectif enfoncé très profondément dans chacun de nos univers personnels. L'enfant sensitif-rationnel possède tous les éléments favorables pour scruter cette dimension. Le dessin représentant l'océan nous informe que l'enfant est capable de vivre le moment présent au gré des vagues, étant même en mesure de faire face aux différentes intempéries. Les nuages qu'il dessine sont un cadeau du ciel, car ils nous font comprendre que cet enfant est conscient de ce qui se trouve au-dessus de sa tête, que ce soit ensoleillé ou non.

Les teintes de brun seront fréquemment employées, ce qui assure une stabilité. Toutefois, le mauve et le vert seront prédominants car ils touchent l'autre dimension, faisant ainsi la part des choses selon sa vérité et sa réalité du moment. Ne vous attendez pas à voir des dessins flamboyants, car ils ne le seront jamais. Son but n'est pas la recherche d'attention; au contraire, ses traits seront minimisés, c'est-à-dire qu'ils se présenteront dans leur plus simple expression.

Il aura cependant le souci du détail et il démontrera une certaine recherche sur le plan des perspectives. Comme il aime expérimenter, il le fera aussi à travers ses dessins mais tout se fera sans trop d'éclat, juste peut-être pour vérifier quelques petites choses... Il ne se sentira jamais dans l'obligation de terminer son dessin immédiatement, préférant se remettre à la tâche lorsqu'il sentira le bon moment. Il aime bien feuilleter les livres avec des images; ils font partie de ses références pour ses prochains dessins, mais ce qu'il préfère par-dessus tout, ce sont les plans tels que ceux de Léonard de Vinci. Même s'il n'arrive pas à bien décortiquer ce qui se présente sous ses yeux, il a quand même le sentiment que c'est du sérieux et ne soyez pas surpris lorsqu'il vous annoncera tout bonnement avec un air assuré: «C'est cela que je veux faire plus tard...» Et vous lui demanderez: «Tu aimerais dessiner des plans lorsque tu seras une grande personne?» Il vous regardera droit dans les yeux: «Oui, mais surtout je serai un grand savant!»

## L'ENFANT SENSITIF-ACTIF

Cet enfant sera pleinement heureux lorsqu'il sera en contact avec le plein-air, son côté sensible lui demandant de s'éloigner de la société, loin du bruit et du mouvement, et préférant être entouré d'arbres et d'air frais. Tout ceci le remplira de bonheur. S'intéressant à la nature et à tout ce qu'elle peut receler de merveilles, son intérêt sera donc grandement éveillé par la moindre découverte d'un papillon ou du chant d'un oiseau.

Cascadeur à ses heures, ce n'est jamais dans le but d'impressionner la galerie. Il aime se sentir en forme et bien dans sa peau, mais n'allez pas le confondre avec l'enfant qui est strictement actif. Le fait d'avoir un élément de sensibilité le rend moins fanfaron et moins compétitif face aux autres enfants. Il ne cherche pas à prendre la première place, au contraire il préférerait passer inaperçu pour pouvoir prendre la clé des champs le plus souvent possible et ainsi vivre sa liberté à sa guise.

L'enfant sensitif-actif dégage davantage l'énergie d'un Robinson Crusoé qui vit sur son île déserte. Il s'adapte très facilement aux différentes situations, surtout lorsque celles-ci sont imprévues. Il est énergique mais respectueux du rythme des autres enfants. Il apprend très vite et très facilement. Une fois qu'il aura saisi la façon de faire, il s'organisera par la suite pour faire à sa manière, trouvant toujours des lacunes dans le processus que vous aurez eu la gentillesse de lui proposer. Son sens critique ne cherche pas à être destructif mais plutôt constructif; alors ses remarques sont souvent très appropriées et bienvenues.

Il est difficile de se faire ami avec cet enfant. Même s'il aime bien jouer en équipe à l'occasion, il préfère la compagnie des animaux. Puisqu'il possède à la fois une forte intuition (liée aux caractéristiques du sensitif) et une capacité de relever n'importe quel défi (liée aux caractéristiques de l'actif), nous sommes en présence d'un être peu commun qui pourra constamment vous surprendre. Cependant, ne cherchez pas trop à comprendre le pourquoi de ses choix, il viendra un temps où tout s'éclaircira et vous ne serez sûrement pas déçu.

## Les dessins de l'enfant sensitif-actif

Lorsqu'il dessine, l'enfant sensitif-actif a facilement la nature en tête; plusieurs paysages de toutes les saisons prendront place tour à tour sur ses feuilles. Il aimera aussi les bricolages faits à partir de cailloux ou de bouts de bois ramassés dans sa cour. Peut-être dessinera-t-il à l'occasion quelques-uns de ses personnages préférés tels que le Petit Poucet ou Robinson Crusoé ainsi que tout ce qui a trait aux gnomes, à la fée des bois et aux farfadets... Des oiseaux, des papillons ainsi que de magnifiques arbres seront ses principaux thèmes. Selon ses nouvelles connaissances acquises dans les derniers jours, il reproduira tout simplement ce qui l'aura impressionné le plus.

Beaucoup de vert et, surtout, du rouge se dégageront de ses dessins, démontrant son besoin de faire table rase des problèmes et ne voulant qu'une bonne et belle énergie autour de lui. Cela ne veut pas dire qu'il n'a aucune préoccupation, mais c'est le genre d'enfant qui préfère vivre au jour le jour gardant en tête des éléments positifs et favorables. Lorsqu'il s'installe pour dessiner avec les autres enfants, il suivra les consignes qui lui auront été dictées mais s'il évalue que celles-ci sont inadéquates, il s'appliquera à vous démontrer ce que vous auriez pu exiger de plus ou de mieux.

Ne vous y méprenez pas: il n'a rien de l'enfant rationnel qui, lui, est un perfectionniste. L'enfant sensitif-actif intervient tout simplement parce qu'il est à la recherche de la beauté, de la plénitude et qu'il aime baigner dans l'harmonie et le bien-être. Ce n'est pas un contrôlant de nature angoissée, au contraire! Vous pourrez le vérifier dans ses dessins qui dégagent des thèmes de purification comme des cours d'eau, des prairies ou tout simplement des oiseaux qui chantent leur liberté. Il aime bien dessiner, mais ne soyez pas surpris si ses préférences se portent davantage vers la lecture ou le grand air. Assis à côté de ses petits camarades, il n'hésitera pas à les conseiller sans leur imposer quoi que ce soit; il agit davantage pour les sécuriser et les informer, en fait comme un grand frère sur qui l'on peut compter. Lorsqu'il ne connaît pas la réponse à une question posée, il n'essaie pas de jouer à celui qui sait tout. Il est plutôt reconnaissant qu'on l'instruise en lui apportant les bonnes données. Il apprécie ceux qui ont le savoir et la connaissance mais qui savent demeurer simples dans leurs interactions.

## L'ENFANT SENSITIF-ÉMOTIF

Ce genre d'enfant est très versatile et imprévisible dans son comportement. Il préfère s'isoler, car il est plutôt maladroit, ce qui le rend très gêné. Il ne semble pas avoir le désir de faire sa place, on le sent très mal à l'aise. Souriant rarement, manquant de confiance en lui, il prendra du temps avant de participer à la moindre activité. Il se fie beaucoup à ses parents, surtout à sa mère. Il restera dépendant de celle-ci pendant très longtemps, cherchant nullement à s'en éloigner puisqu'elle représente sa sécurité à tous les points de vue.

Lorsque je mentionne que l'enfant sensitif-émotif est versatile et imprévisible, c'est qu'il arrive qu'en certaines occasions il devienne d'un seul coup mais pour un court instant un être qui brave et qui déploie une énergie qu'on ne lui connaissait pas, allumé par on ne sait trop quoi... Il se change en leader pour les autres enfants, les dirigeant et les commandant avec une rare désinvolture. Tout ce qu'il semblait refouler de frustration et d'insécurité fait place à une confiance inébranlable, défiant même l'autorité. Mais, peu à peu, il redevient le petit enfant craintif et angoissé qui recherche l'approbation de son entourage immédiat. Il est difficile de le motiver: il ne comprend pas le pourquoi d'avoir été projeté dans une vie où tout semble si ardu, lui qui aspire au calme et à la sécurité...

Il est sensible, à fleur de peau, manquant constamment de sécurité. Ne soyez pas surpris si ce petit être possède un petit côté paranoïaque; il a facilement l'impression que tout le monde le pointe du doigt, prêt à l'accuser de plusieurs méfaits! Il n'est pas facile d'apaiser ses peurs; un environnement constant et très sécurisant l'aidera, mais il faudra maintenir la même cadence pendant un bon moment. Ceci n'est pas dû, comme on pourrait être porté à le croire, à un événement traumatisant vécu beaucoup plus jeune. Les éléments qui composent son tempérament d'enfant sensitif-émotif font de lui un être vulnérable, mais quelques années passeront et il aura la capacité de s'ajuster avec le temps au rythme social... en prenant bien son temps. Il serait préférable de ne pas essayer de faire tomber les barrières trop tôt, car sa réaction sera d'ériger un château fort.

## Les dessins de l'enfant sensitif-émotif

Comme vous l'aurez deviné, l'enfant sensitif-émotif hésitera au moment de dessiner. Il regardera autour de lui sans trop savoir s'il a vraiment le goût de dessiner ou non et n'osera pas choisir tout de suite sa chaise. Les autres enfants auront déjà commencé leurs dessins lorsqu'il optera de s'installer à la place qui sera restée vacante. Pour lui, un crayon à la mine ou de couleur ne fera aucune différence; en fait, ce qui le décourage un peu, c'est de voir que les autres prennent plaisir à ce qu'ils font, il ne comprend pas ce qui peut être aussi captivant à leurs yeux.

Lorsqu'il se met à dessiner, son geste est machinal; il ne démontre aucune initiative, exécutant ce que les autres lui suggèrent. Une fois terminé, il regardera son dessin et il aura l'impression que ce n'est pas le sien. Il le jettera probablement au panier ou le laissera traîner sur la table. Ce qui l'inspire le plus, c'est le monde des petits animaux; il dessinera à l'occasion un petit chat, un petit oiseau ou tout ce qui peut sembler petit, fragile et mignon... Un peu à sa ressemblance! L'enfant sensitif-émotif n'est pas facile à motiver et à valoriser lors de la période du dessin. Il fera la moue et dira qu'il ne sait pas quoi dessiner. Ce qu'il recherche au fond, c'est que vous vous assoyiez à côté de lui et que vous commenciez à dessiner, il pourra ainsi terminer votre dessin.

Si vous lui présentez une feuille de papier pour qu'il puisse dessiner et un cahier à colorier, son choix se portera vers ce dernier qui lui propose des images; il a donc moins d'efforts à faire dès le départ. Il est préférable de lui remettre entre les mains un de ces livres qui n'est pas trop volumineux, car, là encore, il se découragerait: trop d'images l'incommodent et l'empêchent de faire le bon choix. Alors, si vous désirez le rendre heureux, simplifiez-lui la vie et, par conséquent, vous simplifierez la vôtre aussi. Étape par étape, il fera son bout de chemin. Ce n'est pas que de le limiter que d'agir de cette façon, c'est tout simplement en vue de respecter son propre rythme. Dites-vous que rien mais vraiment rien ne modifiera son erre d'aller (rappelez-vous la fable du lièvre et de la tortue). Cet enfant ne cherche pas la compétition, encore moins la performance, il se sent bien sous sa carapace. Si rien ne va plus, il s'y camouflera; vous aurez beau la secouer, la retourner de tous les côtés, rien n'y fera!

## L'ENFANT RATIONNEL-ACTIF

Cet enfant est capable de s'occuper de lui, à sa manière bien entendu! Lorsqu'il s'implique, il agit avec le principe de l'entonnoir, vérifiant au tout début les différentes possibilités qui éveillent ses intérêts pour arriver à ne faire qu'un seul choix. Il vivra en fonction de ses passions; ses choix seront presque à coup sûr le reflet de son authenticité. Il sait démontrer de l'initiative et de l'ardeur dans ses activités. Son énergie n'est pas dispersée à droite et à gauche; elle lui sert à fouiller, à s'activer et à découvrir de nouveaux horizons, pour ensuite se retirer et se permettre de faire un tri afin de prendre l'orientation qui s'avère être la meilleure pour lui. Le seul élément auquel vous pourrez vous buter est qu'une fois qu'il a fait un choix, vous ne réussirez jamais à le faire changer d'idée.

L'enfant rationnel-actif scrute à la loupe les moindres détails; c'est un chercheur qui regarde toutes les possibilités, continuellement à la recherche de nouveautés. Il saura très tôt ce qu'il voudra faire dans la vie, se voyant dans un milieu spécialisé et servant même de cobaye lui-même. Tout ce qui est nouveau et différent attire son attention, mais il demeure toujours très sélectif dans ses choix. Vous pouvez faire confiance à son bon jugement; même s'il est petit, il est capable de grand discernement. Il adore les récits de voyage, les autres nationalités le fascinent; il se dit que lorsqu'il sera grand il fera le tour du monde, et c'est fort possible...

On pourrait dire qu'il est facilement à la hauteur de toutes les situations, puisque les principales caractéristiques reliées à un tempérament rationnel-actif font de lui un être sérieux qui ne se laisse pas impressionner par n'importe quoi et qui ne s'en laisse pas imposer par n'importe qui! Capable de grande sobriété tout autant que de grandes folies, il sait se montrer débrouillard et sans attentes envers les autres, ce qui le rend hautement indépendant, peut-être même un peu trop! Il apprécie cependant la compagnie des enfants qui sont plus vieux que lui, car il aime bien apprendre de nouvelles choses. Et pour apprendre, il apprend très vite! L'avenir ne semble aucunement lui causer de tension; au contraire, il anticipe le futur, se voyant soit à dos de chameau, soit dans son laboratoire à travailler sur une toute nouvelle formule qui révolutionnera le monde entier!

## Les dessins de l'enfant rationnel-actif

Ses dessins sont quelque peu énigmatiques et diversifiés, les traits jetés sur la feuille ressemblent davantage à des esquisses se superposant. Il peut commencer par dessiner une tête de cheval qui se transformera en tête de lion et qui prend à la fin les traits d'un sphinx.

L'enfant rationnel-actif exploite les différentes avenues même en dessin; il aime bien s'installer pour dessiner ou peinturer. Il est stimulé à explorer et à expérimenter. Il laisse libre cours à son imagination et sent qu'il crée quelque chose sans nécessairement trop savoir ce que cela peut représenter. Ce qui l'impressionne beaucoup, ce sont les grands peintres qui ont versé dans l'abstrait ou qui ont élaboré le genre cubique, car ils ont à la fois trouvé leur voie et obtenu la reconnaissance sociale.

Il adore jouer avec les couleurs, faisant des amalgames où les composés s'avèrent parfois surprenants. Dans ces moments de grande créativité, il se perçoit comme un chimiste cherchant la bonne formule. Si les autres enfants font des remarques sur ses dessins, il ne semble pas vexé; au contraire, il est fier de voir qu'il est le seul à explorer un nouveau monde ou une nouvelle dimension d'une façon personnelle. Dessiner pour lui est une autre manière de se découvrir et dans tout ce qu'il entreprend il en est de même. Il est capable de s'auto-évaluer sans être trop sévère envers lui-même et il cherche à s'améliorer continuellement.

Lorsqu'il s'installe pour dessiner, on croirait voir un vrai pro. Il sait reconnaître les meilleurs outils tels que la feuille de bonne qualité, les crayons qui ont des teintes particulières comme il recherche. Il ne se contentera pas vraiment de restants de bout de papier ou de crayon qui ont été maintes et maintes fois utilisés. Lorsqu'il découvrira le monde de la sculpture, même si celle-ci n'est faite que de papier mâché, il se projettera assez facilement dans ce nouveau médium car il aime bien palper et ajuster sa pensée à du concret. La sculpture étant un domaine qui se veut très créatif, il n'aura aucune difficulté à se laisser aller à ce genre d'exploration.

## L'ENFANT RATIONNEL-ÉMOTIF

Cet enfant est très spécial, une vraie encyclopédie ambulante mais qui déploie très peu d'énergie. C'est comique, car il peut être en mesure de convaincre le plus grand fainéant à s'impliquer mais lui-même ne lèvera jamais le petit doigt, ce serait une grave offense à son intelligence! Certains vous diront que c'est tout simplement un grand paresseux, tandis que d'autres admireront sa capacité à déléguer les différentes tâches.

En fait, ce genre d'enfant est un fin renard astucieux et méthodique puisqu'il possède un côté rationnel, mais son côté émotif fait de lui en quelque sorte un être qui manque d'assurance et de confiance lorsque vient le temps de s'impliquer. Pour ne pas perdre la face, il préfère proposer ses services pour donner les informations pertinentes, mais arrangez-vous pour faire le reste... La plus grande partie de son énergie va vers des éléments qui lui apportent de nouvelles connaissances telles que les livres, la télé et l'informatique. Toujours trop occupé à se documenter, il ne côtoie pas vraiment les autres enfants préférant demeurer dans ses pensées érudites, mais... «gros penseur, petit faiseur»! Il n'est cependant pas à dédaigner d'avoir dans son environnement un prodige semblable à l'enfant rationnel-émotif.

En ce qui a trait au futur, il n'est pas trop pressé de grandir, il préfère de beaucoup l'atmosphère de son enfance. Il aimerait que le temps s'arrête pour garder tel quel son univers. L'enfant rationnel-émotif est en mesure de comprendre les situations qui se présentent à lui en raison principalement de sa dimension rationnelle mais lorsque son côté émotif prend le dessus, il est plutôt difficile à contenter, tel un bébé boudeur qui fait des ravages et qui peut être très désagréable à côtoyer. Même s'il aime bien se donner des airs de grand à l'occasion, il change fréquemment d'humeur; il arrive un temps où l'on ne s'y laisse plus prendre, on devient moins impressionnable. Inconsciemment, il cherche à contrôler l'environnement mais comme son pouvoir d'affirmation et d'implication n'est pas à la hauteur, il n'est pas très convaincant!

## Les dessins de l'enfant rationnel-émotif

Ne le cherchez pas assis à sa place lorsque vient le temps de dessiner: vous le trouverez prodiguant ses conseils aux plus jeunes du groupe. L'enfant rationnel-émotif aura sans doute ressenti le désarroi chez certains d'entre eux... Il faut cependant être attentif car ce qui risque de se cacher derrière cette grande écoute à l'égard des plus jeunes, c'est qu'il ressent probablement lui-même l'incapacité de faire aussi bien que les autres. Alors le temps qu'il devrait s'accorder à faire son propre dessin sera utilisé à rendre service aux autres...

Ne vous y trompez pas, sa générosité cache autre chose, ceci n'est pas mauvais mais il est important d'être conscient de l'intention qui s'y rattache. Lorsqu'il décidera de se mettre concrètement à la tâche, il dessinera des thèmes de manière répétitive, raffinant son coup de crayon et prenant ainsi de l'assurance de jour en jour face à son dessin. Lorsqu'il croira que le thème abordé donne de bons résultats, il essaiera un nouveau thème en effleurant à peine la feuille au cas où son mouvement ne serait pas juste et précis. L'enfant rationnel-émotif démontre une grande patience pour dessiner les petits détails, perdant même un temps fou pour ceux-ci. Ce n'est pas qu'il recherche nécessairement la perfection, mais il manque d'assurance rendu à une certaine étape. Alors n'allez surtout pas le conseiller de quelque façon que ce soit, car vous serez très mal reçu et son côté bébé boudeur ressortira à ce moment.

Il ne désire pas qu'on le conseille, car cela signifierait qu'il perd la face ou tout simplement le contrôle de la situation. Lorsqu'il se lève pour s'occuper des autres enfants, il s'agit pour lui d'une délivrance; son temps de concentration pour son propre dessin est terminé. Dès cet instant, il sera plus volubile et ce qui est très surprenant c'est que les conseils prodigués de sa part s'avèrent souvent profitables. Il sera semblable au metteur en scène qui fait en sorte de diriger les comédiens mais qui lui-même n'a pas la capacité de se retrouver en avant de la scène. Peut-être est-ce là une information sur le genre de rôle qu'il choisira plus tard...

## L'ENFANT ACTIF-ÉMOTIF

Vous êtes en présence d'un enfant qui souhaiterait bien suivre les autres enfants, surtout les plus vieux d'entre eux. C'est en raison de son côté actif qu'il est ainsi, mais la présence de son côté émotif fait en sorte qu'il n'est pas en mesure d'être à la hauteur de ses propres attentes et des situations qui se présentent à lui. Comme je l'ai déjà mentionné, l'émotif n'est pas très agile ni très habile. Il essaiera quand même de prouver qu'il est en mesure de participer tout autant que les autres petits copains. Malheureusement, il s'apercevra très vite qu'il est impossible pour lui de suivre la cadence, se blessant ou s'essoufflant au moindre effort.

L'enfant actif-émotif rêve de pouvoir être un *Superman*, mais il est souvent déçu de ses performances. Si son entourage le motive, il essaiera de nouveau. Mais si son entourage le restreint, il ne prendra pas la peine de s'impliquer à nouveau. Coincé entre le désir de participer et sa non-capacité d'atteindre ses buts, il pourrait vivre certaines frustrations mais un jour, l'un des deux pôles prendra le dessus. L'attitude des personnes qui l'entourent ainsi que les gènes familiaux influenceront grandement le résultat. Il désire tellement faire partie du groupe qu'il peut prendre l'allure d'un caméléon, essayant ainsi de répondre aux attentes de tout un chacun en oubliant quels sont ses propres besoins parce qu'il se connaît peu et qu'il veut trop bien faire en les imitant.

Ce qui est vraiment important pour lui lorsqu'il joue au ballon, ce n'est pas d'avoir le ballon au bout de ses bras mais de se retrouver au beau milieu du jeu entouré de ses coéquipiers. Si la joute n'est pas axée sur la performance mais davantage sur le plaisir que le jeu procure, alors tout sera pour le mieux! Ce qu'il devra apprendre par-dessus tout, c'est de ne pas prendre de décision hâtivement. C'est bien qu'il participe, il contentera ainsi son côté actif mais il doit arriver à évaluer s'il aura la capacité et la volonté pour se rendre jusqu'au bout. Il est donc préférable pour lui de participer à des activités de courte durée, il en sortira très valorisé. S'il vit le rejet, il sera grandement affecté, plus que les autres tempéraments, car pour lui le besoin d'être aimé est primordial.

## Les dessins de l'enfant actif-émotif

Ses dessins seront bien entendu à son image, remplis de thèmes qui semblent être en mouvement tels qu'un avion, une auto. Les traits et les formes de ses dessins se présentent de manière peu convaincante, étant trop «pâteux» ou filiformes (comme si son avion ou son auto n'avait aucun moteur, sinon aucun carburant pour le faire bouger). Il cherchera à imiter les dessins des enfants qui sont les plus vieux du groupe, ajoutant parfois un élément personnel mais qui demeure peu visible.

Devant sa feuille de dessin, il ne démontrera pas de mécontentement mais comme il est conditionné par les influences extérieures, on le sentira parfois joyeux et confiant, parfois très tendu. Beaucoup plus préoccupé par ce que les autres penseront de son dessin, il voudra connaître leur opinion sur son chef-d'œuvre. Ce que l'enfant actif-émotif préfère par-dessus tout, ce sont les dessins collectifs comme les murales, les collages et les bricolages à grand déploiement, qui occupent un mur complet et qui demandent la participation de tous ses petits amis. Ce qui est à l'image d'une grande famille fera son bonheur.

Lorsqu'il doit participer à une création de groupe, il trouvera l'idée intéressante au tout début, mais sa motivation sera de courte durée. Il s'avère très difficile de le motiver à continuer, il préférera s'asseoir dans un coin et regarder ses camarades s'amuser. Peut-être leur rendra-t-il service en leur apportant les bons pinceaux ou les bonnes couleurs, mais ne lui en demandez pas davantage... Il n'accepterait pas d'être forcé à rejoindre le groupe pour finir ce qui a été commencé, il s'en souviendrait la prochaine fois et devinez ce qui se passerait par la suite... Ni vu ni connu, il se ferait tout petit dans un coin, sachant qu'il ne pourrait faire à sa guise. Il prend pourtant plaisir au contact des autres enfants pendant la période du dessin, mais son côté émotif le rend facilement soupe au lait, ce qui peut provoquer de petites prises de bec dans le nid des oisillons.

# BIBLIOGRAPHIE

CHERMET-CARROY, Sylvie, *Comprenez votre enfant par ses dessins*, Éditions Libre Expression, 1988.

CHEVALIER, Jean et GHEERBRANT, Alain, *Dictionnaire des symboles*, Éditions Robert Laffont.

DAVITO, Roseline, *La découverte de votre enfant par le dessin*, Éditions Productions de Paris, 1971.

DUCA, Cino, *Art et folie*, Éditions Mondiales, 1973.

DUMAS, Marc A., *Initiation aux arts plastiques*, Éditions Bordas, 1978.

EDWORDA, Betty, *Vision, dessin, créativité*, Éditions Pierre Mardaga.

ERUS, Étienne L., *L'encromancie*, Éditions Dervy, 1963.

GARDNER, Howard, *Gribouillages et dessins d'enfants*, Éditions Pierre Mardaga, 1980.

KOCK, Charles, *Le test de l'arbre*, Éditeur Emmanuel Vitte, 1958.

PETIT, Gaston, *Les dessins d'enfants*, Éditions du Renouveau Pédagogique inc., 1980.

ROCHER, Didier et JOLY-MATHÉ, Monique, *Peinture d'enfants, leçon de vie*, Éditions Dessain et Fobra, 1986.

ROUSSEAU, René-Lucien, *Le langage des couleurs*, Éditions Dangles, 1980.

SOLOMON, Shirl, *Connaître l'enfant par ses dessins et son écriture*, Éditions Retz, 1980.

WALLON, Henri et LURÇAT, Liliane, *Dessin, espace et schéma corporel chez l'enfant*, Éditions E.S.F.